動けば開運！

動きが幸運を招く6つの方法

丸井 章夫
森田 りん子
天乃 ひろみ
響燁 宥澪
てとて
緒形 麻耶

マーキュリー出版

はじめに

本書を手にとっていただきありがとうございます。

「動けば開運！」という本書のタイトルからどんな内容を想像しますか？

「吉凶は動より生ず」という名言があります。この言葉は中国の古典の易経に「吉凶悔吝（きっきょうかいりん）は動に生ずる者なり」という言葉からきています。

動くというものは実際に動くということのみを示す言葉ではなく、気持ちや考えを動かす、つまりは精神的な変化をも含みます。

その「動くこと」、「動かす」ことを6つの方向性から分かりやすく書いた本が本書です。

私は手相家で運命カウンセラーとして30年近い年月にのべ４万人の皆さんの人生にアドバイスをしてきた丸井章夫と申します。

本書は、私が日頃からお付き合いのあるスピリチュアル・リーダーの方々に、それぞれの「動くことによる開運の極意」を特別にご紹介いただいたものです。

私は「奇跡のアストロ風水と奇門遁甲」を担当しました。アストロ風水は西洋発の開運の場所が分かるという優れもので奇門遁甲は、中国発の素晴らしい方位術です。

森田りん子先生は「吉方取りで開運する方法」で明治時代以降に発達した日本独自の方位術を紹介しています。また吉方取り以外の開運の心得も書いて頂きました。

天乃ひろみ先生は「リトリート」の有用性を具体的な例を挙げて分かりやすく説明しています。

響燁宥澪先生は、「動く」でも方位術ではなく、神様と自分と人を動かす極意を長年の経験から、女性らしい瑞々しい感性で書かれています。

てとて先生は、同じく「動く」でも「静」のほうの動き、しかも第3の目と言われる「サードアイ覚醒法の原理原則」について興味深い記述をされています。

緒形麻耶先生は、画家の制作活動を通じて、祈ることによって空間を超える奇跡を生み出しています。

この6つの方法の中にきっとあなたにピッタリの幸せになれる方法があるはずです。『動きが幸運を招く6つの方法』のサブタイトルの通りに、あなたが大いに幸運を引き寄せて頂ければ幸いです。

令和6年10月　スピ活研究会

動けば開運！

動きが幸運を招く6つの方法

目次

マーキュリー出版

表紙の龍の絵・・・緒形麻耶
プロデュース・・・丸井章夫

第1章　丸井章夫

奇跡のアストロ風水と奇門遁甲

この本をお手に取ってくださってありがとうございます。

突然ですが、あなたは「移動すると幸せになれる」ということを信じますか？

唐突な質問でしたね。私、丸井章夫は普段は多くの皆さんの手相鑑定をしています。1日に多い時で15人も鑑定を行う時もあります。

しかも、かれこれ30年も4万人以上も手相鑑定を行ってきました。この鑑定数は日本有数の実績と言って良いでしょう。

来る日も来る日も手相鑑定をしている中で、検証する度に間違いない！ということが幾つも私の中で確信になっていったのです。

そのひとつが「人は皆、移動すると幸せになれる」ということです。

どうして、手相家の私が移動開運術の効果を確信することになったのでしょうか？

一般的な手相学においての左手は「自分の先祖から伝えられる素養・素質」とよく

言われます。

その左手に「旅行線」があると、ご先祖も家系的にどこか遠くに旅行するのが好きだったり、引っ越しを繰り返した人生を送った方が多いのです。

また、手相鑑定の終わり頃に「吉方位旅行」という移動により、開運するという方法をお伝えしています。こちらは三泊四日で百キロメートル以上の場所に年盤・月盤ともに吉方位の時に旅行に行くと1年以内に願望を達成できるのです。

手相で人生のシナリオをつかんでもらうだけでなく、近未来を良くして貰いたいので吉方位旅行を勧めています。

しかし、現在の私は吉方位旅行だけでなく、アストロ風水と奇門遁甲も皆さんにお勧めしています。本書での私の内容は、このアストロ風水と奇門遁甲を使って開運しましょうという内容です。

（吉方位に関しては本書では第2章の森田りんこ先生が執筆されています。）

アストロ風水で開運しよう!

アストロ風水とは私が命名した行くだけで開運してしまうという不思議なスーパー開運法です。行くと2ヶ月以内に効果を実感される方がとても多いのです。

アストロ風水は、自分にとって良い場所、運気が上がる場所を知ることが出来るもので、一人ひとりの誕生時の惑星の配置(ホロスコープの出生図)を世界地図に一定の法則を加味して投影したものです。

これには、驚くことに、個人の可能性を最大限に活かせる場所が幾つも記されています。さて、アストロ風水は生年月日と出生時刻、出生した市町村まで分かれば一人ひとりのオリジナルのあなただけの「アストロ風水マップ」を出すことができます。

これは世界中のうち、どこがあなたにとって幸運を呼ぶ場所か沢山分かるものです。

ひとつひとつの惑星のラインは実は様々なところを通っています。

早速、有名なお2人のアストロマップを見てみましょう。

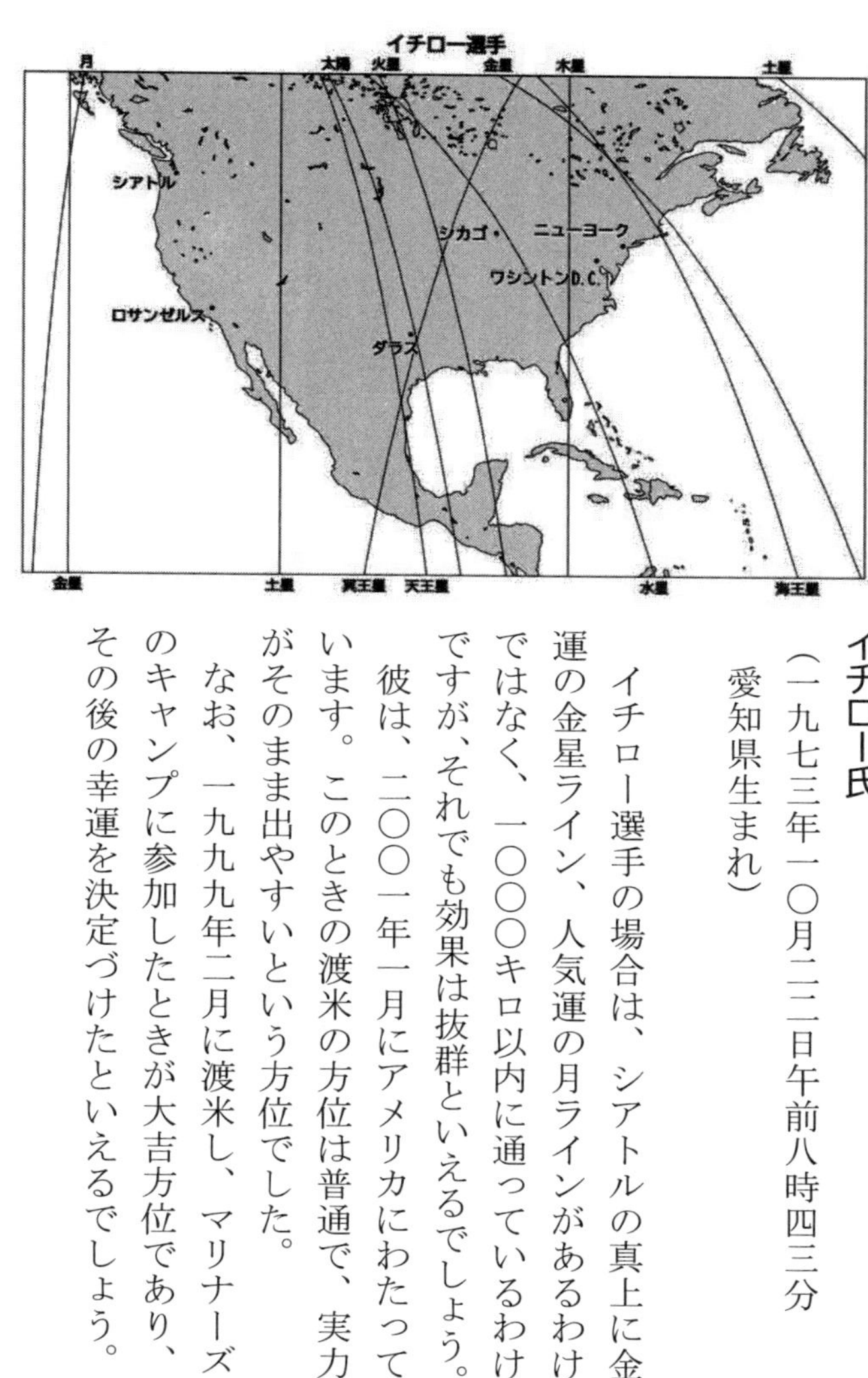

イチロー氏
（一九七三年一〇月二二日午前八時四三分
愛知県生まれ）

イチロー選手の場合は、シアトルの真上に金運の金星ライン、人気運の月ラインがあるわけではなく、一〇〇〇キロ以内に通っているわけですが、それでも効果は抜群といえるでしょう。

彼は、二〇〇一年一月にアメリカにわたっています。このときの渡米の方位は普通で、実力がそのまま出やすいという方位でした。

なお、一九九九年二月に渡米し、マリナーズのキャンプに参加したときが大吉方位であり、その後の幸運を決定づけたといえるでしょう。

松井秀喜選手（アメリカ図）

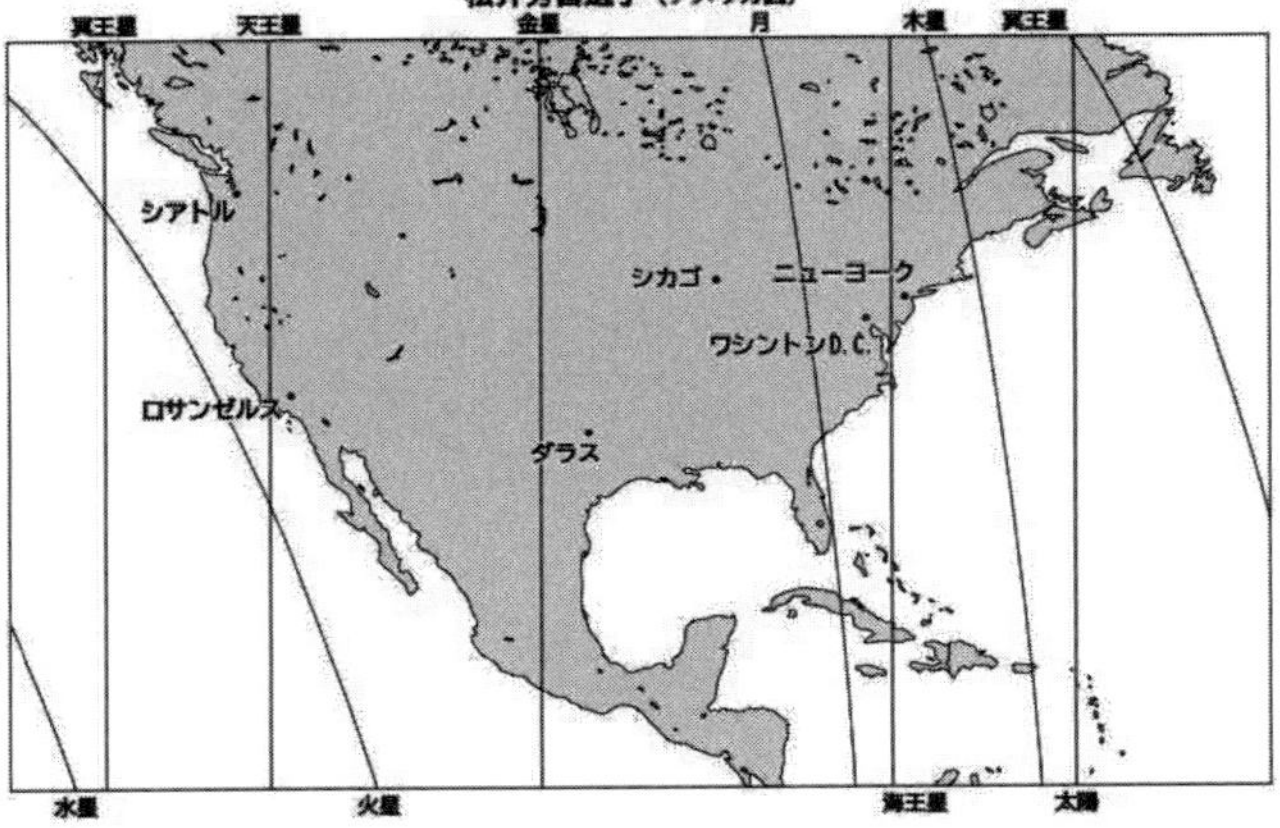

松井秀喜氏

（一九七四年六月一二日午前一時一〇分
石川県生まれ）

二〇〇九年、ニューヨーク・ヤンキースのワールド・シリーズ優勝の立役者である松井氏。ニューヨークに、すべてのことで幸運をもたらす木星ラインが見事にあります。さらに、ニューヨークは、名声や地位、権力をもたらす太陽ラインも近いのです。また、海王星ラインもあって、癒しの場所にもなっていました。彼は、ニューヨークに行って良かったわけです（渡米した際の方位は普通で、実力がそのまま出やすい方位でした）。

それぞれのアストロ風水の星のラインの意味の説明をいたします。

太陽ライン・・・地位、名誉が授かる場所。良いことばかり起きてくる。
木星ライン・・・棚ぼた式に大いになる幸運が授かる場所。
金星ライン・・・恋愛・結婚、金運に効く。楽しいことが起きてくる。
水星ライン・・・意思の疎通が上手く行く。仕事運が上昇してくる。
月ライン・・・・人気運、恋愛運が上昇する。様々なツキが出てくる。
火星ライン・・・スポーツで良い結果が出やすい。事故に注意の場所。
土星ライン・・・厳しい修行に相応しい場所。勉強や留学には吉。
海王星ライン・・気持ちが癒される場所。雰囲気に流されやすくなる。
天王星ライン・・大きな転機が訪れる場所。改革断行には大吉です。
冥王星ライン・・体調低下になりやすい場所。復活を遂げる意味も。
キローンライン・心身共に強力に癒やされる場所。魂の傷も癒やされる。

なお、アストロ風水は行ってから２ヶ月以内に強い効果が出ることが大変多いです。

ちなみに私は日本には「月ライン」が通っています。月ライン＝人気運上昇、著者になれると言われています。私も作家として既に14冊の著作や多くの共著がありますのでその通りになっています。

アストロ風水の良いところは、吉方位旅行のように3泊4日以上の旅行に出かけなくても、期間的にそれ以下でも効果を体感出来る方が多いというところです。

また、方位的に悪くても、アストロ風水で良い星のラインの近くに行けば2ヶ月間は良いことが続いたりします。

また、可能な限り、日帰りよりは宿泊を伴う旅行をお勧めします。

私が最も推奨するのは、アストロ風水で良い星のラインの場所に吉方位で3泊4日以上、滞在することです。（その場合も直線距離で百ｋｍ以上の場所に行くこと）

ところで、アストロ風水マップは、人だけでなくそのほかの対象物でも有効であることが認められていますので、その例をご紹介しましょう。

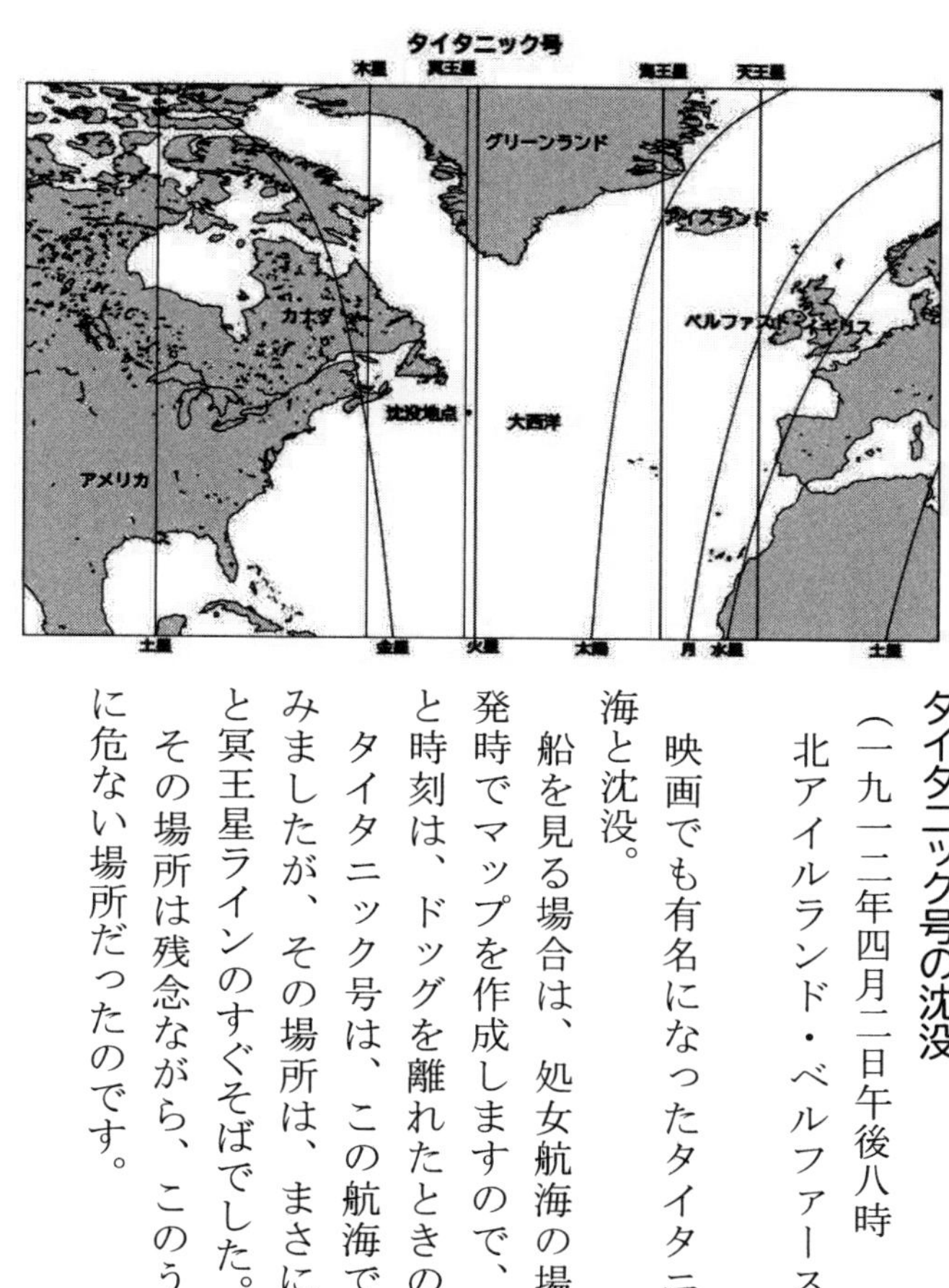

タイタニック号の沈没

（一九一二年四月二日午後八時
北アイルランド・ベルファーストを出港）

映画でも有名になったタイタニック号の航海と沈没。

船を見る場合は、処女航海の場所および出発時でマップを作成しますので、前述の場所と時刻は、ドッグを離れたときのものです。

タイタニック号は、この航海で大西洋で沈みましたが、その場所は、まさに火星ラインと冥王星ラインのすぐそばでした。

その場所は残念ながら、このうえない非常に危ない場所だったのです。

奇門遁甲で開運しよう！

アストロ風水の次は奇門遁甲です。元々はアストロ風水と吉方位旅行の２つを進めていた私ですが、ある時から、奇門遁甲もお客様に勧めるようになりました。

なぜかと言えば、３泊４日も吉方位旅行に行けない！というお客様の悩みを解決できたのが、奇門遁甲だからなのです。

奇門遁甲は中国発の「動く開運術」です。よく引き合いに出されるのが、戦乱の時代に諸葛孔明がこの奇門遁甲を使って、連戦連勝で奇跡を起こし続けたというところです。

奇門遁甲の良いところは、短時間の移動・滞在でも大きな効果を出すことが出来る点にあります。

しかし、日本においてはこの奇門遁甲はまだまだメジャーな開運法にはなっていいないように感じています。なぜそこまで知られていないかの理由ですが、奇門遁甲自体、非常に算出が難解で先生によって日時、時間、方角の情報が異なる場合があり、何を信じたら良いのか分からないというのが一般のユーザーの偽らざることのない本音ではないかと感じています。

そこで私が、半年に一度、「方位プレミアムセミナー」という講義を行って、そこで半年分のお勧めの奇門遁甲の実行プラン日程をお伝えしています。

私の長年の奇門遁甲の研究をそのセミナーで公開しているわけですが、基本的な項目は本書でお伝えします。

私の奇門遁甲は各方位をそれまでの常識である各方位45度に異論を唱えて、各方位は気学の方位の概念である東西南北は30度、その他の方位は60度として活用するものです。

それ以外の理論は従来の奇門遁甲とほぼ同じものを採用しています。

（1）距離は直線距離で百ｋｍを推奨。しかし、それよりも短い距離もＯＫ。

（2）歩いて目的地に向かう場合は直線距離で10ｋｍで良い。その場合は帰りは自動車や公共機関を利用して問題なし。

（3）特定の日時に出発する。特に出発の時刻が重要で特定の2時間の中の真ん中の時刻での出発を推奨します。

（4）九星気学やアストロ風水と違って、誰でも同じく移動が可能。

参考までに２０２４年の年末までの特にお勧めの日程を次ページに記載します。是非、ご活用いただき、大きな幸運を引き寄せてもらいたいと思います。

（本書掲載のアストロ風水マップは『100日で必ず強運がつかめるマップ　アストロ風水開運法で恋愛・お金・健康・・・をGET！』（心交社）より転載しております。）

2024年後半　奇門遁甲最高の方角

名称	意　味
青竜返首	仕事、金運、恋愛すべてに良い。目上から可愛がられる。
飛鳥跌穴	タナボタ式で大幸運が突然訪れる。
玉女守門	玉の輿を呼ぶ。冷静に強運を引き寄せる。学業にも最高。
乙奇昇殿	安定と平安が訪れる。
乙奇得使	恋愛を成功させる。喜びごとが増える。
丁奇昇殿	賢くなる。物事の本質が見えてくる。
丁奇得使	知性が研ぎ澄まされる。丁奇昇殿よりも効果は数倍。
丙奇昇殿	周囲を圧倒する。勝負に強い。
丙奇得使	金運が高まる。徹底的にやり抜く気概が身に着く。
地遁	開運するために必要な基礎的な運が開く。
竜遁	勇敢さが出てきて様々なことが解決する。
神遁	金運の最高格。恋愛運は魅力が出てきて上手く行く。
虎遁	行動に強引さが必要な時に使う。
天遁	リアルなアイディアが湧いて、多くの人に助けられる。金運、恋愛運◎
風遁	謙虚に過ごすことで幸運を引き寄せる。
鬼遁	他人を失敗させて自分に運を引き寄せる。入試に良い。

日付	曜	方角	名称	特に出発に適した時間帯	出発に適しない時間帯
10月9日	水	東北	青竜返首	①5～7　②7～9、11～13、19～21	15～17、21～23
10月19日	土	東北	虎遁	1～3、15～17	21～23
10月25日	金	東北	丙奇得使	①5～7、19～21　②7～11	3～5、11～13、15～17
10月28日	月	東北	鬼遁	①1～3、13～17　②11～13、19～23　③9～11	5～9
10月29日	火	東南	飛鳥跌穴	①5～9　②17～19、21～23	なし
11月1日	金	東北	虎遁	①7～9、19～21　②1～3	11～13、15～17
11月5日	火	西南	丁奇得使	①17～19　②9～11	15～17
		北西	竜遁	①5～7、13～15、15～17	9～11、19～21
11月7日	木	西	丁奇昇殿	①3～5　②11～13	1～5、17～19
11月11日	月	東	玉女守門	①15～17　②7～9	3～7、19～23
11月12日	火	東北	丙奇得使	①11～15、21～23　②3～5、15～17	7～11、19～21
		西	丁奇昇殿	1～3、11～13、19～23	なし
11月18日	月	東南	青竜返首	5～7	3～5、11～19
11月29日	金	東南	風遁	1～3、13～15	3～5
12月5日	木	東北	丁奇得使	①13～15　②3～5、11～13、15～17、19～21	17～19
12月9日	月	西	乙奇得使	①9～11、19～21　②1～3、15～17	11～15
12月12日	木	東南	玉女守門	①3～5、21～23　②5～7、9～11、17～19	11～13
		北	飛鳥跌穴	①3～5、19～23　②11～13	17～19
12月18日	水	東	乙奇昇殿	①15～17　②7～9、19～21	3～5、11～13
12月21日	土	西	竜遁	①9～11　②7～9	3～5
12月22日	日	東南	丙奇得使	①21～23　②1～3	3～5
12月28日	土	東南	乙奇得使	①7～9　②3～5、13～19	9～11
		北	青竜返首	①21～23　②9～11	5～7、13～15

【著者紹介】丸井 章夫（まるい・あきお）

運命カウンセラー。手相家。作家。ノート研究家。
秋田県出身。明治大学政治経済学部卒。

運命カウンセラーで多くの著作を持つ。また驚くほど開運時期、結婚時期が当たると評判の手相家でもあり全国各地で活動している。得意な占術は手相・紫微斗数・西洋占星術・アストロ風水。

幼少より人間の心理と精神世界に興味を持ち、小学生のころには心理学や哲学の本を読みあさるようになる。

その後、手相の知識を身につけてプロとしての仕事を始める。以来、30年以上にわたり、のべ４万人以上の鑑定数を誇る。北海道から沖縄まで申し込みをする人は絶えず、「１日15人以上」という数字を記録することもしばしば。

著書は現在、14冊を数え、代表作は４万部突破の『引き寄せノートのつくり方』（宝島社）の他、３万部の『幸運を引き寄せたいならノートの神さまにお願いしなさい』（すばる舎リンケージ）。

その他の著作は『金運を引き寄せたいならノートの神さまにお願いしなさい』（サンライズパブリッシング）、『運命のパートナーを引き寄せたいならノートの神さまにお願いしなさい』（すばる舎）、『手相で見抜く！成功する人 そうでもない人』（法研）、『100日で必ず強運がつかめるマップ アストロ風水開運法で恋愛・お金・健康・・をGET！』（心交社）、『恋愛・結婚運がひと目でわかる 手相の本』（ＰＨＰ研究所）、『成功と幸せを呼び込む手相力』（実業之日本社）、『あきらめ上手になると悩みは消える』（サンマーク出版）などがある。

近著に『超絶に願いが叶ったすごい神社』『神社の神さまに会えると幸せになる』（上下巻）（共にマーキュリー出版）がある。

共著の代表作は『隕石コーティング開運法』（マーキュリー出版）

対面セッション（東京・大阪・名古屋・福岡）のほか、通信鑑定も積極的に行っておりＺＯＯＭ鑑定も人気を博している。

第2章　森田りん子

吉方取りで開運する方法

名古屋で干支九星による九星気学鑑定と吉方取り指導をしている森田りん子です。傾聴に基づいたカウンセリングやコーチングもしております。

占いというのは、過去からの統計学で成り立っていると言われています。また、私自身も占いの長い歴史が人生の舵取りを導いてくれていると実感しております。

色々な占いの鑑定法を学んできた中で、四柱推命の鑑定法の要素も入った干支九星による鑑定法が精度は高いと考えています。これから干支九星を使っての開運法について書いていきます。

まず、開運とはどういった事なのかを今一度、考えていきましょう。

開運とは、天界の状態を現実に再現することです。

スピリチュアル的に言えば、天界からの優しいキラキラ粉が降ってくるトンネルで私たちは天界と繋がっていて、天界の穏やかで晴れやかで落ち着いた状態をこの世界で再現する事ができます。

開運のためには適切な時にキラキラ粉が降ってくるトンネル道が張っている状態にする必要があります。布のトンネルがたるんでいるけど、開運法を使えば、ピンと張るイメージです。


お正月に初詣に行き、節分に豆まきをするのもある種の開運法です。

それらは私たちの心を日常のたるみ（気が枯れる状態）からピーンと緊張した（糸が張るような）状態へ戻してくれる効果がありますね。


それでは、ここぞという時に天界にいるような人となれるように今からアドバイスいたします。

穏やかで華やかで晴れやか、気持ちよく楽しい良い状態を開運法によって引き寄せましょう。

オススメの開運法は吉方取り

私が開運したい方に勧めているのが吉方取りです。

吉方取りをするには多めに歩いたり、旅行に出たりします。平坦な毎日に、それなりの負担を掛けることになります。

「吉方取りで3泊4日旅行してきて下さい。」と占い師に言われて、すぐに実行できるでしょうか？

吉方取りの行き先で天界の陽のキラキラ粉を受け取るのはもちろんですが、吉方取りの移動で多少の負担をかける事も開運に必要な事なのです。

平坦な毎日はあなたの安全な領域です。これを領域突破するのです。安全領域を突破したところに開運があるのです。

お金持ちは、仕事のことはもちろん、遊びでも私生活でも常に挑戦しているのです。映画「最強のふたり」では、主人公の大富豪はパラグライダーでケガをして車いす生活をしています。身体の危険はありますが、パラグライダーやスカイダイビング・海中に潜るダイビングは価値観を大きく変える機会なので、お金持ちはよくそういう遊びをしていると言われています。

お金持ちはお金があるから遊んでいるだけではないのです。

スカイダイビングなどの危険な体験を勧めているわけではありませんが、そのくらいインパクトのある体験をしてみてはどうでしょう？

今と違った世界を見ることですごく開運するかもしれません。

そして今の仕事や交友関係を継続していく中で、より一層うれしい事があるかもしれません。そんな開運を求めてみませんか。

吉方の九星の表す意味

干支九星気学を使って、吉方取りをして開運していくと、次のような効果が得られます。吉方を次の九星で取る場合の効果です。

一白水星・・・積み立て貯金のような財運を得られる。今までの金運が財産となり、人生の要所で使える。

二黒土星・・・女性らしい優しさが得られる。細やかな心配りが出来るようになる。サポートしたり、サポートを受けたりが上手になる。

三碧木星・・・発展する元気が得られる。朝日が昇るようなエネルギーを得て、今、挑戦している物事が進んでいく。

四緑木星・・・周りと調和していける。恋愛や婚活でのご縁を引き寄せる。美容を頑張っている事への結果が付いてくる。

五黄土星・・・吉方取りには使いません。自分らしく過ごせる日になります。

六白水星・・・今まで挑戦して来た事が完成するエネルギーを得られる。

七赤金星・・・臨時収入を得たり金運が良くなる。会話やグルメを楽しめる。
八白土星・・・悪い事を止める機会を得られる。やり直しの機会に出会える。
九紫火星・・・知恵や美貌を得られる。嫌なことから離れられる。

お散歩吉方取り

お散歩吉方取りは、お家のご近所を散歩する事で吉が取れるお手軽な開運法です。
お散歩吉方取りの方法を説明します。
（１）あちこち吉方位マップというアプリをダウンロードします。
（２）自宅をマーキングします。
（３）私のメルマガ、公式ＬＩＮＥに示した方位を目指して、時間内にウォーキングで出発する。

時間としては30分程度で出来る開運法です。往路8分、滞在10分、復路8分ほどですね。

開運方位で5～10分間、滞在する必要があるので、暑かったり寒かったりを避けられる場所を探すのも重要です。この場所によって、往復の移動時間は変わるでしょう。色々な方位にお散歩しながら、開運していきましょう。

このお散歩吉方取りで貯めていく吉の開運効果は1日程度ですが、そのうちの約2割は2週間くらい持ち越すことができます。

このように吉の力を貯めていくと、開運方位に行きやすい開運体質になっていきます。そして驚く事に、いつのまにか運が良くなり、対人関係も良くなっていきます。本当に不思議なお散歩なのです。

吉方取りのコツ

吉方取りに行く時のコツをお伝えしたいと思います。

大きな移動を伴う吉方取りでも、お散歩吉方取りでも、なるべく清潔で清々しいところを目指して移動します。清潔で清々しく自然の多い所は、それだけでパワースポットと言えるでしょう。

吉方取りで行くのは、神社仏閣でなくても構いません。史跡や綺麗な公園、美術館なども、気が整っていて、天界のパワーが得られます。

そして、吉方取りに行ったら、ご機嫌でいる事が吉のキラキラをたくさん得るコツです。

せっかく吉方取りに行っても、時間に追われてプリプリ怒っていたら、開運なんて望めません。スケジュールを詰め込み過ぎの旅行をしたり、一日のスケジュールがギリギリなのに吉方取り散歩に無理に出掛けたりしないでくださいね。

そして、吉方旅行に行った時は、地場魚やお野菜、ご当地名物などを食べるとさらに開運します。それらを旅行に行く前に、調べておくと楽しいですね。

(心理学でも旅行に行く前から旅行で得られる幸せは始まっていると言われます。)

そうやって吉方旅行やお散歩吉方取りを楽しんでいると、特にたくさんの吉を受け取る時もあります。

朝日が昇るの目にしたり、鳥が鳴くのを耳にしたり、緑あふれる森や出て来た虹を眺めたり、潮風に吹かれたり。五感がフルに喜んだ時が、吉のキラキラをたくさん受けられた合図です。その日から、徐々に開運が望めるでしょう。

そして吉方旅行に行ったら、早くもその場で開運して、そこで出会った男性と幸せな結婚をされた私の知人がいます。

10年以上、堅実に幸せに暮らされています。普段できる開運法を心掛けていると、このような事もあります。

吉方取りで最大の効果を得るには

本を読んで下さって、干支九星気学に興味を持ってくれた方が吉方取りをし始めると不思議に思われる事が出てくると思います。

まず、１回目の吉方取りはあまり効果がないとか良くない事があったが２回目３回目を試してみるとだんだん良い事が起こるようになった。

それは、１回目は今まで身体や心に溜まった良くないことの毒出しの吉方取りになる事が多いからです。そういう人が２回目３回目の吉方取りをすると、もの凄く効果が出る事が多いです。

それから、効果があったので毎月吉方取りを継続するとまた効果が出なくなってくる。（方位の関係で実際は毎月、吉方取りは出来ないです。）

なぜなら、陽のキラキラ粉ばかりを身体に取り入れていると陽の気が栄養過多になり、停滞期に入るからです。そういう時は陰の気を身体に取り込む行動をします。ヨガや写経、坐禅などが良いでしょう。私は延命十句観音経を唱えるときもあります。

そして、２、３ヶ月は吉方取りを控えてからまた再開してみてください。かなりの効果が望めます。

お金・時間・用事のやりくりをして吉方取りに行くのでしたら、ぜひ身体の陰陽を整え、効果のある吉方取りをしていきましょう。

吉方取りは宗教と関係ありませんので、写経や坐禅などが苦手な方はヨガで自分を内観することで陰の気を取り入れるのも良いでしょう。

観光地で、坐禅したりするのはちょっと恥ずかしいと思われる人もいますよね。あなたのフィーリングにあった方法で、身体の陰陽を整えれば大丈夫です。

吉方取り以外のお勧めの開運法

(1)運動

運を動かすと書いて、運動と表記します。運動で運が本当に動くのです。

お勧めの運動は筋トレ、ヨガ、ピラティス、スクワット、腕立て伏せ、プランクなどです。

開運行動として趣味の大縄跳び、バドミントンを使っている占いの先生もいました。

「時間ないし、運動なんてできないなぁ。」、「今までやってないし、今さら無理でしょ。」そう思ってしまうのも仕方ないですが今、修正すると確実に開運していきます。気づいた時に修正するのが、一番効果的です。

カウンセリングのお仕事でご一緒した専門学校の講師が言っていた言葉が

「生徒指導をしていると、明らかに大きく間違ったことをしている学生に気づくときがある。気づいた時に正すとたいてい最小の修正で良い学生になってくれる。」

でした。

(2)女性はお花カラーの洋服がお勧め

私は以前、婚活パーティーを主催する会社で働いていたことがあります。自分の研鑽のために婚活仲人のセミナーをたくさん受けたこともあります。

その中で、カリスマ仲人さんが口を揃えておっしゃる事がありました。

「婚活女性は、お花カラーのお洋服で活動すると、上手くいく」です。

赤、黄色、ピンク、オレンジ、バイオレット、アクアマリン、ブルーなどお花の色はたくさんあります。

このようなお花カラーを意識して、お洋服をコーディネートに取り入れると男性ウケも良く、婚活や恋活はうまくいきやすくなります。

(3)幸運の座布団

今のあなたの職場、取引先、家族、友人、恋人と自分の居場所や立ち位置は、どんな感じですか？揺るぎなく穏やかで安心できる関係がやはり良いと私は思います。

「幸せとは永遠のマンネリである」「穏やかな状態から上昇が始まる」と京都の歴史あるお寺のご住職さまがおっしゃっていました。開運には5月の風薫るような爽やかでゆるやかな日々を送れる人間関係が良いです。

私の曽祖父は大阪で奈良屋という呉服屋を営んでいた時に、着物を仕立ててくださったお客さまには幸運を呼ぶお座布団をプレゼントしていました。その方の安心できるを整えるという意味でお渡ししていたようです。居場所がなくてお辛い方や人間関係に滞りを感じる方は、お座布団を新調されてみてはどうでしょうか？

毎日、長く使う方が良いので、いつも座る椅子に敷いても良いのではないかと思います。ペット用の可愛いソファや敷物という製品があるのも、彼らが家の中に健全で穏やかな居場所を持って欲しいという飼い主の気持ちの表れだと思います。私も土用が明けたら、お座布団を新調する予定でいます。

(4)いつも気持ちよく気分良くいること

毎日お風呂に入ったり身体を清潔にして、悪い事を聞いたり見たり、自分でも下品な事をしないようにするなど自分で見る・聞く・話すなどをキレイにする事です。いわゆる六根清浄（眼・耳・鼻・舌・意の６つの感覚器と心の汚れが除かれて清らかになること）ですね。

これが出来るだけでも毎日が天界になると思います。

家族や友人、仲間と楽しく過ごすのは天界では常識ですから気持ちが穏やかで、健康的で、お金に困らず、気持ち良い仲間に囲まれます。

最近は学校・会社・サークル・習い事で嫌いな人とは付き合わないのが流行りらしいですが、それもＯＫです。

目がキラキラしていて、透明感ある赤ちゃんみたいな血色の良い肌をしている男女はやはり強運で幸せです。

それから髪がツヤツヤして、瑞瑞しい人は、心のお手入れも行き届いた人が多いです。身体のお手入れは心の状態が出ます。

そしてタバコやお酒の臭いはできる限りしないように心がける事も大切です。

家族には優しく、友人とは楽しく、仕事先では親切に誠実に過ごすのです。天界で呼吸して生きているような爽やかな気持ちで日々、過ごしましょう。

(5)誠実に仕事をし、家族に尽くすこと

パートナーや子どもがいない人は、友人の困りごとを助けてあげるのも良いです。引越ししたい友人がいれば、運転の得意な人は荷物をレンタカーのトラックで運んであげると喜ばれます。親から独立して一人暮らしをしたい人というのはたいてい荷物が少ないです。シングルママの友人が男の子の子育てに困っていたら、キャンプやハイキングに誘ってあげると喜ばれます。

たくさんの友人と共に行動して、友達の輪を広げていってください。

そして、何気なく出来る事で他者から喜ばれる事を続けてみてください。

知らぬ内に、仕事が仕事を広げたり、相性の良いパートナーや友人などの良縁を

引き寄せたりします。ちょっとした心がけで、最高の人生になっていくのです。

凶を避けるコツ

凶を避ける事も大切です。行かないといけない場所や仕事先やショッピングセンターで凶を避ける方法を簡単にお教えします。

仕事でも休日のショッピングで、すれ違う時に相手が通りやすいように道を譲ったり、相手の意見にある程度、賛同したりすることで凶が避けられます。

主張することが正しいと言わがちな世の中ですが、適度に相手に譲ることが凶を避けるには重要です。

次に、中古の指輪は絶対に買わないことです。

友人の素敵なダイアモンドリングを褒めた時に、その方からそのリングを安価に譲ってもらいました。「得したなぁ」と思っていましたが、その方と同じ整形外科系の病気を患いました。友人が悪いわけでなく、中古品にはそういう魔力があるということです。

そして、他人の幸せを願えない占い師に鑑定をしてもらうと凶を引き寄せます。まれにですが、カップルで相談に行ったら、邪険にしたり、機嫌が悪かったりする占い師が時々いるようです。

口コミで「悪い鑑定結果しか言わない」と書いてあるような占い師は要注意です。お気をつけてくださいね。

無くて七癖

人間関係の悩みは尽きないものです。例えば、会うと気持ちがモヤモヤする人がいる。あるいは新年度で配置換えがあって、新しいチームの人と気持ちが合わないだったり、長い間、付きあっている同級生との友情に最近疑問があるケースもあると思います。

そのような人間関係の悩みを忘れる方法があります。それは掛け流し源泉温泉に行く、ウォーキングするという行動です。

どちらも吉方取りを取れば、さらに効果的です。

どこに行くか、行った先で何をするか、何を食べるかなどを考えているうちに、日常から心が離れていくのです。

私もそうやって吉方取りの温泉旅行に行った時、古民家カフェのママと話し込んでしまいました。

「人間関係で悩むの？そんなの仕方ないわ。人間は無くて七癖よ。」と、言われました。

私はその時、悩み深い顔つきをしていたのかもしれませんね。

そして、「貴女だって、カフェに難しい本持って入ったりしてるでしょう。人に七癖、自分に八癖よ。」と言われた時に人生の答えをもらった気持ちになりました。
吉方取りに行くと、こういう不思議な有難い出会いがあるものです。
今でも感謝しています。

【著者紹介】森田 りん子

団塊ジュニア世代の生まれ。ダイヤルQ２黎明期より四柱推命占いの電話鑑定をはじめる。干支九星気学風水の知識も得て、九星にカラーセラピー効果もあることを占いに応用。最近ではカラー刷りのルノルマンタロットでの鑑定もしている。心のヘルスコーチ。おひつじ座で動物占いはオオカミ。

ホテルチェーンの総務事務、不動産ディベロッパー事務など一般的な社会人を経験したのち、結婚後は占い師とパートをしながら生活を送る。その後、社会貢献したいと思い、コロナ禍でオンラインの世界が整備されたため、オンラインでの鑑定や電子書籍出版に積極的に挑戦中。

様々な占いを学んだ中で、九星気学風水の吉方取りは高い確率で自分の未来がデザインできると実感。「吉方取り」という行動をすることで自分で自分の未来を切り開く楽しさを知って欲しいと思い、名古屋市内（名駅、金山駅近辺）で飛び立て吉方開運お茶会を開催している。

小学校入学時、テストの答えがすべてビジュアルとして脳内に映し出されるのを経験。中学まではその能力を使って学年トップの成績を維持。ビジョンが見えるのが楽しくて占い師を志す。

九星気学での吉方取りを２５年以上自ら実践している。家族関係のストレスによる大病も本格的に吉方取りをして６年で完治するという体験も持つ。

リザストで吉方取りサポートメルマガ配信中
https://www.reservestock.jp/subscribe/273636

第3章　天乃ひろみ

魂のリトリート

そもそも、リトリートって何でしょうか？

「リトリート」という言葉は、最近では耳慣れた言葉になってきたと思います。数日の間、日常から離れた非日常の環境に身を置いて、いつもと違った体験を楽しむこと。

また、心身の回復を図るため、自分自身に意識を向け、ゆったりとした時間を過ごすことなどと一般的に言われています。

人生の節目に旅に出ようと思う方も多いのではないかと思います。

私が主催するリトリートは、いわゆる観光の旅とは違うかもしれません。

旅に出た先での旅の楽しみ方が違うとも言えます。

更に付け加えるならば、私のリトリートは『自分を癒し、自分に向き合い、五感を甦らせ、本来の自分に戻る旅』だと思います。

私は、もともと海外のツアーコンダクターを20年やってきました。世界中がコロナというパンデミックにさらされる半年前に会社員に転身したのです。その時はまさか海外に行けなくなるなんて夢にも思っていませんでした。後に実はラッキーだったんだと思いました。４年もの間、食うに困らず生きてこれたのですから強運としか言いようがありません。

２０２０年２月に奇跡的にアメリカ合衆国アリゾナ州セドナに行きました。今でも「奇跡だった」と一緒に行った方と話します。本当によく行けたと思います。がセドナはいたって平和でした。そして、いつものようにセドナでリトリートを行いました。

【私がリトリートで大切にしていること】

１．意図して行く

2. 日常から離れきる
3. 五感で感じることを意識する
4. 思考を手放す
5. 自然のリズムに合わせて生きる

そうしていくと、自分らしく居られて、元の氣が戻ってきます。
元氣になります。本来の自分に戻ります。

これにはやはりどっぷりと没頭することですね。
全力で没頭する!

いつもの生活から離れるには携帯をできるだけ見ない。
携帯を見ている間に第六感に届くメッセージを受け取り損ねます。
たぶん、セドナではたくさんのメッセージが送られてきていると思います。

目に見えたり、耳で聞こえたり・・・様々な自然現象にいろいろなメッセージが含まれていると思います。

以前セドナで出会った方が言っていたのですが３ヶ月に１回セドナを訪れて、仕事のアイデアをもらいに来ています。その後、新事業を立ち上げたと言っていました。

なぜそんなことが起こるのか？

本来の自分に向き合うことにまずは集中できること。

本当は何がしたいの？本当はどうしたいの？がわかるからだと思います。

私はただただナビゲートしているだけなのですが、私が見えていること聞こえていることをリアルタイムにお伝えしています。

受け取り方はそれぞれ違うかもしれません。気づきはそれぞれ違います。受け取られた方がそれぞれで感じるだけで充分なのです。

実は、魂レベルで気づきが生まれるので、同じ現象でも気づきはそれぞれ違います。

人生のミッションが違うからです。

私は何かが見えたり、聞こえたりという特殊能力はありません。しかし、不思議なことに、リトリートを開催すると本当にラッキーなことばかり起きます。本当にありがたいです。

【セドナリトリートの楽しみ方】

先ほど大切にしていることを書きましたが一つ一つ解説していきます。

1．意図して行く

セドナのリトリートは行くと決めた時から始まります。

いろいろな向き合いが既に始まっていると私は感じています。

一緒に行った方に実際に起きたお話です。

★日本からは出発できたのですが、途中の乗り継ぎ空港で話をしている間に搭乗ゲートが変更になって飛行機が行ってしまいました。

途中の空港で1泊となった為、スーツケースだけがフェニックス空港に届きました。

私はスーツケースだけを受け取って、翌日出直しました。

★アメリカン航空を予約していました。朝一番で、出発時間や搭乗ゲートを確認しました。そして、成田空港に向かう電車の中で再度確認しようとしたら、データが出てこない。何が起きたのかわからないまま、とにかく空港に行けばなにかしら手掛かりはあると思い向かいました。

結果は、アメリカン航空がフライトキャンセルになり日本航空に振替になっていました。しかも2人掛けの席に変更されていたのです。

本当だったら、真ん中の席に立てに並んでいたのです。結果的にアップグレードしていたということです。

こんなふうにいろいろなことが起きるので、その日を迎えてみないと分かりませんと事前に参加する皆さんに話をしています。

2．日常から離れ切る

日頃の日常をしっかりと忘れることが一番にやってほしいことです。

なるべくセドナに集中することでどんどんエネルギーがクリアになっていきます。

携帯という便利なものを持ち歩いているので、距離は離れているのに気持ちが離れていないということが起きます。

便利な社会では自分でコントロールすることが非常に重要ですね。

日常では気づかないけど依存症になっている可能性が高いです。

思い切って断ち切りましょう。本当に必要なものは無くなりません。

３．五感で感じることを意識する

もしも、日頃から忙しさに紛れて、細かな自分の感情を感じている暇が無くなっているようであるならば五感を意識しましょう。

五感はすべてにおいて動いています。

まずは朝の目覚め。セドナで迎えた朝はどんな朝ですか？

外の空気を吸ってください。太陽もいつもの太陽ですがセドナで太陽を感じてください。どんな体や心の感覚ですか？

大きく背伸びをしてみてください。それと共にきっと深呼吸をしているでしょう。

どうでしょうか？

一つ一つを感じてください。日頃、当たり前に生きていますが感じてみるとどうでしょうか？

でも、それすら気が付かないで生きているかもしれません。

とにかく五感で味わうことを意識します。

鈍感になっている五感を取り戻しましょう。

五感を取り戻すと気づきが生まれます。

もしかしたら、本当に望むものに気づくかもしれません。本当に大切なものに気づくかもしれません。

そこにはたぶん怒りはなく、穏やかな自分と平和な世界が訪れているのではないでしょうか。

4．思考を手放す

頭がうるさいと感じたことはありませんか？

常に何かを考えていて寝ても覚めても頭が稼働している。寝ても、寝た気がしない・・・とか。

頭を使い過ぎかもしれません。それが当たり前で、気が付かないかもしれません。

交感神経と副交感神経の交換がうまくいってないこともあるかもしれませんが元の氣が戻ったら正常に働きだします。

頭ではなくて、ハートで感じる。魂レベルで思っていること、自分の内側に意識を向ける。

余計なことは考えず、思いっきり楽しむことを全力でやる！

５．自然のリズムに合わせて生きる

人間の原点は「自然と共に生きてきたこと」なのです。原点を思い出してください。

その頃は平和が保たれて、人間関係で悩む世界などなかったのではないかと想像します。日が昇るとともに活動をはじめ、日が沈むとともに家の中でゆっくりと体を休める。

セドナのリトリートはただただ自然の中に身を置いて、自然を感じて、ひたすら歩いていています。

川に足をつけてみたり、岩の上に寝転んでみたり、汗をかくことが気持ちよいと感じます。

雨は雨でそれすらも受け入れて楽しみます。

日没とともにホテルに戻り、みんなで食事の支度をします。なんだかそれすら楽しいのです。

自然のリズムで生きると本来の姿を取り戻します。元氣になります。

自然に触れていると負の感情が浄化されます。

大自然に抱かれると大きな問題だと思っていたことがなんて小さいことに捉われていたのだろうと思ったりします。

セドナの自然を歩く中でワークをします。そこは過去・現在・未来を感じる場所です。

人生を振り返って、いろいろな感情を味わい尽くす。なんだか体が重く感じたり、涙が出てきたりする体験があります。

未来の場所に行ったときに急に体が軽くなって楽しくなってきます。

未来を描くとき湧き起こる感情を感じます。

人間は感情の動物なので、人間の習性を利用すると良いですね。

衝動というものの瞬発力が凄い！！

心から「〇〇したい！」という感情はびっくりするほど突き動かしてくれます。

そんな体験ありませんか？


あの先が見てみたい！楽しそう！

セドナでよく見られるのがチャレンジです。とても簡単なチャレンジかもしれませんがご本人からしたら、凄いチャレンジ！


高所恐怖症を克服する方がいます。

怖いより、行きたいが勝つ！行って体験したことが凄い未来を作ります。

昨日まで1メートル上っても、無理ですと言っていた方が翌日はビルの14階相当の場所まで上がっている現実。

高所恐怖症ではない私でも怖いと思う岩の上に登っていた時のことです。私が先頭で登って行きました。後から登ってきた方の顔を見たら、あの「怖い、無理」と言っていた方の顔でした。

私「登ってきたの！」

参加の方「だって、ちろちゃんも怖いって言っていたけど登っていったから、着いてきたの」と！


克服から達成へ。

あの時の「晴れ晴れとした顔」

人は一瞬にして変われるといつも思います。

10年間セドナのリトリートを行って、実験を繰り返し、実行してきたことです。

そして現実に体験したことです。

【魂のリトリートの作り方】

私がツアコンという仕事で旅に携わって約20年。人生の１／３に相当します。

こんな方はザラにいるかと思います。それ以上の方も多数います。

私にとっては、魂を込めてやって来たものでもあります。魂を込めるなんて大袈裟でしょうか。

なぜ、魂を込めるのだろう？と考えてみました。

旅に同行するなかで『人生を変える為に来ました。』という方々がいました。

「今までの人生を変えるために。この先の人生を考えるために。」

この方たちは自身の人生に本氣で向き合うために旅に来たのです。

この本氣には私も魂を込めない訳にはいかないのです！

そして、自らも体験があるから。

参加側じゃなくて主催側のポジションで旅に携わったこと。更には企画や手配じゃなくて、お客様に直接関わるポジションだったから手に取るようにお客様の変化を感じることができました。

「人生の節目だから。」「人生を変えたくて。」とおっしゃる方々との出会いは私がリトリートを主催するための出会いだったのかもしれません。
旅に想いを持って来る方にたくさん出会ったことが魂を込めるに至った要因だと思います。

ツアコン時代は日常なんて微塵も忘れて、どれだけ非日常に没頭させるかを本氣でやっていました。まずは私自身が没頭することが必要！
だからいつもフワフワ浮いている感覚で日常を過ごしていました。

地に足がついてない！！

体感覚では非日常の旅の時の方がよっぽど地に足がついていましたね。そんな私がセドナのリトリートを準備する時のことをお話しします。

1．先ずは目に見えないところにお伺いをします。

・行ってもいいのか？
・いつがいいのか？
・人数はどれくらい？

まだ、告知前ですが、この時すでに参加者を感じています。

２．何度も現地に行きます。

もちろん想像いわゆるシュミレーションです。意識を飛ばすと言ってもいいかもしれません。

計画をスタートすると何度も思いを巡らせて、何度も何度も現地を巡ります。

言ってしまえば想像でしかないのかもしれませんが、感じながらリトリートツアーを準備していきます。

・どんな変化を望んでいるのだろう？

・どんなことを体験したい？

わくわくしながら仕掛けをしていくような感覚です。

この後は物理的に準備を始めます。


参加の方々が決まったら人を感じて更なる準備をします。

その都度テーマがあると思います。この時にご一緒する方々の集合意識にフォーカスします。このテーマに沿った宿選びに一番時間がかかります。

全てエネルギーが関わってくることなので、上手くエネルギーが循環するような場を整えることはとても大事だと思っています。


リトリートは先ずは自分を癒して、元の自分に戻って、本当の自分を発見する。

余計な思考は取り祓って 魂レベルで望むことをキャッチする。

セドナのボルテックスには、それぞれのテーマを持ったパワーがあるので、自然にテーマと合ったエネルギーの場所に導かれて行きます。リトリートに参加している方々に必要なエネルギーの場所にお連れする。


とにかく思考ではなく魂との対話を繰り返して動いています。

常に最高最善を見つけながらリトリートを続けます。

【セドナという場所】

ところでセドナを知っていますか？

セドナはネイティブアメリカンの「聖地」と言われます。

かつて、ネイティブアメリカンの人々が儀式を執り行うために訪れていたのがセドナです。

アメリカ合衆国アリゾナ州セドナは日本から飛行機で約16時間が最短です。どこかで一度は乗り換えが必要です。

もしかしたら、日本からの直行便が飛ぶかもしれません。そんな記事を見かけました。

最寄りの空港はフェニックス国際空港です。ここから車で約2時間。山越えの道を行きます。気候は砂漠気候で乾燥しています。


いつもは2月頃に行っています。

なぜかというと閑散期だから人があまりいないので氣が良いからです。

朝晩が冷え込むのですが、昼間は気温が20度前後なので過ごしやすいです。

行けるときに行くのが一番です。

セドナは地盤が水晶で出来ていると言われています。これをお話しするとみなさんが驚きます。私がセドナに行って教えていただいたことです。セドナの土を手に取って太陽に向かって落としてみるとキラキラと輝くものがあります。それが水晶です。

水晶がしてくれるのは浄化ですね。

セドナについて書いているものを目にすることがありますが、セドナに行って体調が悪くなったという方が居ます。まさしく浄化が起きているのではないかと思います。

私が10年通った中では、体調を崩されて動けなかった人は一人もいません。

ただ、私自身が一度だけ頭痛と吐き気で寝込んだことがあります。たぶんそれはエネルギーの影響を受けたことに間違いありません。

たった１回だけですが、たぶん参加の方の引き寄せのエネルギーが相当強かったのだと思います。


セドナは標高が高いです。約１３３０ｍあります。ちなみに東京は４０ｍです。

更にボルテックスというパワーが噴出している岩に登るので、結構な高さです。

最もパワフルな４大ボルテックスというのがあります。エアポートメサ・ボイントンキャニオン・カセドラルロック・ベルロックの４つです。

セドナはエネルギーが噴出しているそうです。ボルテックスに登ると木が渦のようにねじ曲がっています。

＊ボルテックス（渦）・・・エネルギーが渦巻く場所を意味する言葉で大地からエネルギーが放出されている場所

1．エアポートメサ　上向きの男性性のエネルギー

セドナの町のど真ん中にあり、一番アクセスが良いボルテックスです。頂上に登ると360度のパノラマが広がっています。サンライズポイントです。

2．ボイントンキャニオン　男性性と女性性のエネルギー

ヤバパイ族の人々が人類発祥の地と信じている場所。
4大ボルテックスの中でも一番エネルギーが強いと言われています。
女性性エネルギーを持つ「カチーナウーマン」と男性性エネルギーを持つ「ウォリ

アー」あるいは「ノール」と呼ばれる特徴的な2つの岩山があります。

この2つの岩の間で瞑想すると両方のエネルギーバランスが促進すると言われています。

3．カセドラルロック　女性性のエネルギー
セドナのアイコン的存在です。女性性のエネルギーを発しています。
カセドラルとは大聖堂という意味です。

4．ベルロック　上向きの男性性エネルギー
フェニックス空港方面からセドナに入ってくると一番初めに目にします。

ベルの形に似ています。とても強いエネルギーが出ています。「決断」の岩、「覚悟」の岩ともいわれています。

【私とセドナとのご縁】

リトリートについて書いてきましたがどのような印象を持たれましたでしょうか？

私は20年に渡り、海外に約3万人以上のお客様をお連れしました。

旅をどれだけ楽しんでいただけるか？

どうやったら楽しんでいただけるのか？

そんなことをいつも考えながら仕事として『旅』に携わってきました。


今から10年以上前になりますがセドナという場所を知りました。そこから不思議なことに毎年通うことになりました。

そもそものセドナに出会ったことからお話しします。芸能人がお忍びで行ったことが話題になっていた時に、そんな場所があると知りました。

調べてみると、聖地であり、凄いパワースポットだと知りました。

私はなぜかここに行かなければと思いました。そして、なぜか分かりませんが、私は来年の１月中にセドナに行くと自分の中で思っていました。

しかし、年が明けてもそのようなことにはなりません。気のせいなのかと思っていたら、１月10日ごろ連絡が来たのです。

「セドナに行きませんか？」って。ツアーは１月30日からです。

「えー、これじゃない！本当に行くことになっている！」という驚きと確信でした。

もちろん申し込んで行くことにしました。

これが最初のセドナです。

１回目のセドナは、セドナという土地を知るという旅だったと思います。どこに何があるかという所在地の確認でした。すべてのボルテックスを回りました。

２回目に行くことになるのですが、行きたいという方が現れて、お連れすることになりました。

お客様が到着する前に、一人でセドナに入りました。そして、ガイドさんをお願いして、セドナを体験しました。

そのときに、セドナの森が「お帰りなさい」と言っているとガイドさんから伝えられたのを今でも鮮明に覚えています。

ガイドさんが「そこに妖精が来ているよ、手を出してみて」と言われて、半信半疑でしたが、手を出してみました。

「トントンってするよ」って言われた瞬間、指先にトントンと感じたのです。

それがこんな不思議な体験が起こるセドナとのご縁の始まりでした。

【セドナに関わって10年目に行きました】

２０２０年2月にセドナに行った後、世界がパンデミックに襲われました。

海外に行くことができなくなり、日本はまるで鎖国時代に戻ったようでした。

当たり前に行っていた海外が行けなくなって、セドナにも行けなくなってしまった。

そんなことが起こるなんて・・・。

そこから3年半ぶりの２０２３年11月、再びセドナへ行くことができました。

衝動ですね。「行きたい！」という感情が私を突き動かしました。

私はセドナの人と思われているくらいにセドナのことをお伝えして来ました。

再開すると言ったときに何名かの問い合わせをいただきました。ご縁のある方、３名をお連れして、３年ぶりのセドナへ行きました。


そこには、光がたくさんありました。

映る写真には光・光・光。

美しいセドナの風景と太陽の光がたくさん映りました。

まるで「よく来たね」って歓迎を受けているかのように感じました。

「コロナ後、日本人のツアーは初めてだよ」って言われました。

一番乗り！


久しぶりのセドナでしたが人の多さに驚きました。・・・というか世界はとっくに動き出していたのだと確認しました。

日本人にとって、円安という次なる壁が立ちはだかっています。
人生のタイミングは円安が円高に変わるまで、待てないですよね。
いろいろな工夫をしながら、この先もセドナリトリートを続けていきます。

「人生に変革を起こしたい」魂が求めるからです。
魂は知っていて、行くって決めているのですね。

10年目にして、セドナリトリートを再開して感じたことでした。
自分らしく生きる人を増やしたい。風の時代は自分らしく生きる時代なのだから。
本当の自分に戻りに行く旅。それがセドナリトリートだと思います。

【自己肯定感とリトリート】

「旅」は自然のカウンセリングとコーチングだと思っています。

旅をすることで癒されて、元の自分に戻ったときに次への扉が開く。
旅をする中で気づき、自ら答えを出すことができる。
あまりに自然なので、受け入れやすく、変化しやすいのだと思います。

何よりも自分で気づく！

自分に集中していると潜在意識にアクセスして、気づきによって、今まで眠って居たものが言語化されて顕在意識に上がってくるのだと思います。

自分の中に答えは必ずあるのです。
自分は自分で答えを知っているのです。
最近学んだ「自己肯定感」からリトリートを紐解いてみます。

自己肯定感には「自尊感情」「自己受容感」「自己効力感」「自己信頼感」「自己決定

感」「自己有用感」という6つの感があります。

1　自尊感情

自分っていいよね！って思える。旅をしているときに旅に来ている私は最高！って間違いなく思えます。自分自身の価値を認めることができる。

2　自己受容感

ありのままの自分を認めることができる。どんな自分も認めて、受け入れて、許して、最後はありのままの自分が愛おしくなります。自然はありのままです。無条件に受け入れてくれます。そして、惜しみなくすべてを与えてくれます。自然の雄大さの中で感じます。ありのままのあなたをそのまま受け入れてくれます。

3　自己効力感

私には出来るがいっぱいあります。自然の中を普段登らない高い山に登ります。想像以上に高いです。頂上の風景を見た時に達成感を味わうでしょう。

登るときにも決して楽ではない道のりです。時には道を選択します。どこらから登って行くのか、何度も何度も選択します。どの道を選んでも到達地点は同じですが、体験がそれぞれ違うのです。乗り越えた私はできる！できる！できる！

４　自己信頼感

毎日毎日ひたすら自然の中を歩き回ります。登る場所は違うけれど、繰り返し登ります。登ると起きる体験、まだ見ない場所を見に行きたい衝動は前向きにしてくれます。自分から行きたい気持ちになるでしょう。最初は見上げていた場所に気が付いたら立っている。やり抜く自分を自然に体験しています。自然に根拠のない自信が備わっていきます。

５　自己決定感

セドナに行くとまずは決めた私。決めた私に自信が生まれます。来ると決めて良かった。決断してよかった。思った時に決断で来た私。決められる私。決めた私だから今ここを味わえているのを体感するのです。もう、自分で決定することに恐れや不安はなくなっているでしょう。

6　自己有用感

自分は何かの役に立っていると思えるようになるでしょう。仲間と一緒に過ごすことで繋がっていきます。ご縁のある人が一緒に参加する場であるのを感じるでしょう。私もそこに居る意味が分かる出来事が起こります。一緒に来てくれてありがとうって最後には自分もみんなも存在しているだけで価値があることに気づくでしょう。自分らしく居ることが一番心地良いと解るでしょう。

このようにリトリートは、自己肯定感が自然に上がる旅でもあるのです。

【参加者の声】

『セドナリトリートに参加して、私自身の魂が自分に戻ってきたような氣がします。

セドナのヒーラーの方にインナーチャイルドを癒すように言われ、参加者の中にそれをする方が居ました。

インナーチャイルドを癒した時に自分の魂と自分が一致したのだと思います。

すべてが用意されていたと思えてなりません。

セドナに行って生まれ直したような感覚です。

だから、今、人のために活動できるのだと思います。』（M様）

『セドナに行くのが私の一つの夢でした。旅行会社のツアーを探しても無く、いつか行きたいと思っていたのがその夢をあっさり叶えてくれたのが妃呂美さんです。全ての手配をしていただき、旅行会社の添乗員付きツアーと同じ安心感と楽しさでした。

セドナはエネルギーの高い場所でした。セドナに着いてすぐに軽くトレッキングをしたのですが時差ボケにも関わらず、サクサクと歩けて、とても体が軽いのです。

子宮の洞窟に行った時、その穴の中に入るのですが高くて滑るし恐ろしくて・・・。

勇気を振り絞って、挑戦しました。そこからの景色は絶景でした。自分の恐さに逃げずに挑戦できたことがよかったです。

滞在がコンドミニアムで好きな食材を買って、みんなで作って食べるのも楽しかった一つです。大きなスーパーで、豊富なオーガニック野菜にカルチャーショック。旅行会社のツアーでは絶対できないような体験、経験ができた妃呂美さんのセドナツアーです。本当に楽しかったです。ありがとうございました。』

（Y様）

『高い空と澄んだ空気に浄化されました。
毎日高いボルテックス登ったり、歩いたりしましたがセドナのエネルギーのおかげと参加者の皆さんに助けていただいて、筋肉痛になることもなく過ごせたことはとても嬉しかったです。
早朝から日の出を見に行ったりサンセットを観たり、みんなでお料理をしたり、楽しい時間を過ごすことができました。もっともっとセドナに空気に包まれて過ごしたいと思いました。』

（J様）

【セドナから龍神様と繋がる旅へ】

２０２０年から世界への扉が閉ざされました。セドナに行けなくなってしまった時にセドナと同じエネルギーを感じる場所はどこだろうと探し続けました。

私は元々、龍神様にご縁がありました。


『龍神様が横に居て、あなたを見ているよ。』

『龍神様が後ろに居ます。』


こんなことを不思議と言われてきました。

そうだ龍神様とのご縁を深めよう。龍神様とご縁のある方を御繋ぎしようと閃きました。

龍神様は背中にたくさんの人の夢を乗せて、夢を叶えてくれると知りました。だったら、ご縁のある方と一緒に龍神様の背中に乗って、夢を叶えよう！と思ったのです。

これが沖縄リトリートの始まりでした。

沖縄は琉球王国です。龍神様を祀る場所がたくさんあります。

祈りの場所「御嶽（うたき）」という場所が至る所にあります。

もちろん立ち入ってはいけない場所もあるので、ルールを守って祈りをさせていただきます。


私はかずたま術鑑定士でもあります。

かずたま術で人生の鑑定をさせていただいています。


そこで御神事を学びました。

偶然にも沖縄のことばで祈りの言葉を学び、とても深いご縁を感じました。

祈りの際に唱えさせていただく「龍神祝詞」だけは、すぐにそらで言えるようになりました。コロナでお休みの間に祝詞を唱えるようになり、人生に変化が訪れたことの一つです。

沖縄本島最北端にある「龍神龍王神大神様」に向かう際は日輪がよく出ます。

御嶽で祈りをささげた時に雨が止み、波が止まりました。海なのにまるで湖かのようでした。とても驚いた光景でした。龍神様に迎えていただいているのを感じられる旅です。そして、龍神様に応援されてると感じられる旅です。

【かずたま術鑑定について】

かずたま術について、少しだけ触れさせていただきます。

２０１４年1月10日からやまと式かずたま術公認鑑定士としての道が始まりました。この日は恵比須様の誕生日。

鑑定をしていると、その方の人生が目の前に広がるのを感じました。

それから10年が経ちました。

やまと式かずたま術は「自分を知る」ことを第一のテーマとしています。

祖師である倭眞名が独自の研究によって、唯一無二の一人一人の人生の設計図を導き出しました。人の数だけ、人生の設計図があるのです。

そして、次には自分以外の人を知る「相互理解」によって、人間関係の構築ができ、生きやすくなります。

やまと式かずたま術の特徴は、「誕生日」から一人一人の持つ複合的な役割が分かります。「名前」からご先祖様から与えられた才能や資質が分かります。

そして、これらを融合することで、固有の人生の設計図が現れてきます。

やまと式かずたま術に出会い、誕生日から出てきた役割を知って、自分の人生に納得しました。そして、人生の設計図を見て、人生のやり方がわかりました。

これは凄いものだと思いました。そして、自分でも鑑定ができるようになって、多くの人にお伝えして、自分を知ることで幸せになる人を増やしたいと思ったのです。

鑑定を受けた方は口々に「やっぱり！」という言葉を言われます。ご自身の人生との擦り合わせをすることで今まで起こってきたことに納得するのです。そして、覚悟が決まります。

自分のやるべきことが分かります。自分の活かし方が分かります。

ご縁をいただいて鑑定をさせていただくことは人生の役割だと思っています。

鑑定をお伝えすることによって、人生のマイルストーン（道しるべ）を置いて、自信を持って人生を歩めるようにお手伝いができたらと思っています。

リトリートに参加される方にも鑑定をさせていただきますが、人生の転機を迎えている方や間もなく迎える方が多いです。魂に動かされて、参加しているのだと思います。これによって意識が変わり、リトリートへの参加目的が明確になります。ただ楽しむのではなくて意図して参加することができます。意図すると得られるものの質が変わってきます。

私は生きるための「元氣」や一歩出る「勇氣」を与えて、笑顔であふれる世界を創ることを使命としてリトリートや鑑定をしています。

より多くの方々にお会いできるようにこれからも幅広く活動していきます。

あなたにお会いする日を楽しみにしています。

ここまで読んでいただきましてありがとうございます。

【著者紹介】天乃 ひろみ（あまの・ひろみ）

１９６６年、北海道、札幌生まれ。

幼い頃『兼高かおる世界の旅』を観て、世界を股にかけて仕事をしたいと夢を描く。

リトリート×かずたま術鑑定×コーチング＝人生に変革を起こす
２００６年、海外ツアーコンダクターとなり、世界45ヵ国、３万人のお客様を海外にお連れする。日本添乗員協会奨励賞を受賞。

２０１４年、やまと式かずたま術公認鑑定士となり、『人生という名の旅』のサポートも始める。

同時に『聖地セドナ』との出会いは私の人生に変革をもたらした。旅のプロが主催するセドナリトリートリート開始。

２０２２年６月、沖縄リトリートを開始させる。龍神様との御縁を深める。

２０２３年８月、自己肯定感アカデミーにて学び、旅が人生に変革を起こすのは自己肯定感に影響があるからだと確信を得る。

同年11月、セドナリトリートを再開。

２０２５年２月　セドナリトリート開催予定。（お気軽にお問い合わせ下さい）

第４章　響燁宥澪

神様と自分と人を動かす極意

サイキックヒーラーの響燁宥澪と申します。

今ではサイキックヒーラーとしてお仕事をさせていただいていますが、それまでは二十年ほど看護師として働いていました。

本書は「動けば開運！」というテーマです。私が語れるのは、天と神様が動けば開運することを長年の経験で知っておりますので、そのことをお伝えします。

人も神様も動かし愛される方法があります。

それは誰かの力になることや喜ばれることをすることです。あなたが誰かに喜ばれることをすることや力になることは天も神様も見ています。誰かの力になった時に誰かが助けられたようにあなたも必ず助けられます。ここぞという時にさっとサポートが入りスムーズに物事が進んだりうまくいきます。誰かの力になること、それはいつも天や神様の愛があなたをサポートしてくれます。

その天や神様を動かす方法は様々ありますが、代表的なものに神様を動かす神社参拝があります。

神様を動かし願いを叶えてもらう参拝方法

この頃は神社ブームで、神社参拝に行かれる方も多くなりました。

でも、むやみに色々な神社に参拝しても動いていただけないのです。

折角でしたら神様に応援される参拝をしていただきたいですし、ここからはそのお話をしていきます。


まず大切なのは、日頃から氏神様や住んでいる所の神社にお参りすることです。

神様というのは、氏神様で顔見知りになっていないと、他の大きな神社に急に行ってお願いをしても聞いていただけないのです。

実はお願い事は３つのボックスに分かれて入ります。

「聞いてくれるボックス」「保留ボックス」「聞かないボックス」です。

保留ボックスの場合、そのボックスの中身を見てくれるかもわからないボックスなのです。ですから、聞いてくれるボックスに入った方がいいのですが、そのためには氏神様と仲良くなっておく必要があるのです。

日頃から氏神様に参拝して、お願い事だけでなく報告もしていると、神様も「いつも来てくれている子だな。頑張っているな」となり、他の神社でお願いをした時に氏神様が「この子はいつも頑張っているから、聞いてあげて下さい」と氏神様からもお願いしていただけるのです。

月に一度でもいいですから、参拝されると氏神様に顔を覚えていただけますよ。

神様に報告される方は少ないですから、日頃から参拝して報告することで神様はとても喜んでくださいます。そうすると神様ポイントが上がり、自分の霊格も上がります。霊格が上がるということは、自分の運気も上がり波動が高くなるので、出会う人も波動の高い人と出会っていけるようになります。

こういった小さな積み重ねが、神様は大好きなのです。

旅行等を計画して参拝される際にも、旅行前に行ける時に氏神様に参拝していただき、帰ってきたらまたご報告されるとさらにいいですね。神様に愛されている方の場合、行く前からいい事があったりします。その時には、神様から愛されている、応援されているということを感じてくださいね。

逆に本当に行けるのかなという時には、何かちゃんとしていない事があって、神様からのお叱りのサインと思ってくださいね。


そして、神社の入り口の狛犬。彼らはただ門番をしているわけではないのです。狛犬は御遣いですから、彼らと仲良くなっていると、彼らからもお願いを叶えてあげてくださいと神様へのお伝えもしてくださるのです。また御遣いですから、わたしたちの状況を神様へ報告してくれたり、後押しのタイミングを伝えてくれたりするのです。面白いですよね。


参拝の時間帯ですが、朝早い時間帯に行かれるのがいいです。できれば、日が昇るくらいの時間帯に行かれると、場が浄化されていて全く穢れがない状態で、一番エネルギーが高いです。時間としては、午前七時や八時になります。

氏神様でしたら、朝のお散歩がてらに行くのもおすすめです。

ここぞという時には、午前九時までには入られるといいですね。

大きい神社ですと、折角いい場所で午前中にもかかわらず、人が多くて気が乱れてしまって、何だか疲れてしまうことがあります。

ですから、障りのない時間帯に入られることが、神様とより一層仲良くなれて、朝日のエネルギーと浄化されたエネルギーの、一番いいエネルギーで全身パワーアップできるポイントなのです。朝早くに行くことで、神様も朝早くからよく来たね、と喜んでくださるのです。

午後以降というのは魔の時間に入っていきますので、できれば午後4時以降はあまり行かれない方がいいです。

大きい神社であれば午後4時以降も大丈夫なところもありますが、小さな神社ですと違う怖い存在がいたりするからなのです。そうすると、余計なものを拾ってしまって大変な目にあってしまうことがありますから、お昼くらいまでに行けない場合は無理して行かず、「今日はいけませんでしたが、近いうちに伺いたいと思います」と手を合わせていただけたらと思います。すると神様もわかってくださいますよ。

参拝でお願い事をする時ですが、この時もお伝えの仕方にポイントがあります。

まず、住所、氏名、年齢をお伝えしてください。その後にお願い事を言います。

ただし、このお願い事は「○○が上手くいきますように」では漠然としていて届きにくいのです。

「自分がこの仕事でより一層輝きたいので、よりいい仕事をできるように後押しください。サポートをお願いします」という形でお願い事をしていただきますと、神様がより輝ける仕事を後押ししてくださいます。

すべて丸投げするのではなく、自分がこう頑張っているのでこの部分を後押ししてください、協力してください、とお願いすれば、神様はそれに合わせて助けてくださいます。

金運も同じです。

神様にとっては百円も百万円も同じです。ですから、金運アップしたいです、とお願いしても、神様にとっては給料を貰えているからいいでしょう、となってしまうのです。

ですから、「こういう風にお金が入ってきて、家族とこういうものを食べたいので契約できるようにサポートをお願いします」とお願いしますと、そのような流れが準備されていきます。

宝くじでも、ただ「当たりますように」ではなく、「家族を幸せにしたい」ですとか「社会貢献したい」といった明確な理由を付けてお願いするといいですね。こうしたい、ああしたい、を素直に伝えてください。

宝くじで当たりたいとお願い事をして神様が叶えてくれる場合でも、小さな額から当たっていきます。三百円当たった場合に「全然当たってない」と言うと、神様から見たら「当てたのに」となってしまうのですね。ですから三百円でも「神様ありがとうございます。次はもう一桁、二桁」というように報告すると、神様ポイントが付いて金運アップさせてくれます。

また、神社に行かれた際には、御祈祷していただくといいですね。

特定の願いがないということでしたら、諸願成就や開運などで御祈祷をお願いされたらと思います。そうすることで、神様とより一層仲良くなることができます。

人それぞれ、相性のいい神社、そうでない神社があります。

神様との相性もありますし、場所との相性もあります。

ですから、他の人はいい事が起きているけれど、自分だけはあまりというところは、相性が合わなかったのかもしれません。

何となく肌感が合わない、ちょっと違うなと思ったら、そういう素直な気持ちをベースにしていただいて、軽く挨拶だけして帰ってもらって大丈夫です。


ここ、すごく大好き、という神社でしたら、ぜひ手水で手を洗うだけでなく、持っているアクセサリーを一緒にお清めさせていただいたり、ペットボトルなどに少しお水をいただいて御神水としてお家で使っていただくと家の中でもご利益をいただくことができます。

人にも動いてもらう方法

神社の神様に動いてもらったら、今度は是非、人にも動いてもらいましょう。

（1）笑顔は幸運を引き寄せる

「笑う顔には福来たる」というように笑顔は幸福や縁を引き寄せ円満にします。七福神のお顔はいつも笑っていますよね。目尻が下がって口角が上がって丸くなってピカピカに光っていている福を呼ぶお顔。

見ているだけで楽しく幸せな氣分になります。

七福神とお話しするといつも楽しそうに「わっはっは」と笑っていて、自分が何で悩んでいたかを忘れてしまうくらい楽しい波動に包まれています。

氣分が良いと人は笑顔になり、笑顔が良いということは運氣が良いということなのです！

そう、笑顔は周囲を明るくし幸せにして波動を上げてくれます。

あなたの明るい笑顔を見た人は、あなたの明るいエネルギーの波動が伝わり氣分が良くなります。

赤ちゃんが笑っているのを見るだけで幸せな氣分になりますよね。

明るいところには悪いものやネガティブなものを跳ね返すパワーがあり笑顔でいることで徳積みをしているのです
明るく周りを照らすような笑顔で丸く縁をつなぎ、縁が縁を呼び込み良いものを引き寄せ悪いものは跳ね返してくれます。

今日から少し笑顔に意識しているだけで簡単に運氣を上げることができるのです。

笑顔の作り方がわからない、ちょっと恥ずかしい、笑顔に自信が持てないと思っている人はまず鏡を見ながら笑顔を作る練習をして見ましょう！最初はうまくできなくてもやってみることがすでに開運。

行動することが開運なのです！

（2）身体を動かして幸運体質の基礎作り

運氣が下がっていたりツイてない時は姿勢も悪くなり猫背になって呼吸が浅くなってしまいます。

体のあらゆるところが凝り体が硬くなり滞りが起きて良いエネルギーが体の中に入ってこない状態になっているのです。

呼吸が浅いとマイナス思考になります。恐れ、不安、悲しみ、劣等感などがあると内へ内へとどんどん氣が小さくなっていきます。

運氣が良い状態の時というのは体の滞りがない状態で波動も軽くエネルギーが外へ外へとみなぎった状態です。

運氣が高い人は姿勢が良く呼吸は、しっかりと深い呼吸できています。深く呼吸をすることで血液、各器官、細胞へしっかり呼吸が行き届いているので活性化されてます。

細胞レベルにまでエネルギーを届けることができるつまり良い空気を体の隅々に行

き渡らせ、身体にこもった古いエネルギーをしっか吐きり出していきましょう。4秒吸って2秒止めて6～8秒かけて息を吐いていきましょう。

ゆっくり深呼吸を心がけましょう♪

（3）自分の波動を動かして調整す方法

仕事や付き合い、大勢の人と長時間いたり、通勤電車や繁華街など人ごみの多いところにいると良くも悪くも様々なエネルギーを受けてしまいます。

人の多いところに出かけて人酔いなどするのはそこの場所のエネルギーの影響を受けたり、人の交流の中で何らかの氣の交流を通し、ネガティブなエネルギーをもらってしまいます。

できるだけ毎日お風呂に浸かるよう心がけ、いつもより疲れたと感じるときはお風呂にお塩を入れてデトックス。

時間が取れるのであればゆっくりできる一人の時間を持つことでで波動調整がスムーズにできます。

（４）氣の流れを簡単に動かす方法

何かに集中しているのに、思うよう進まなくて煮詰まってしまうことってありませんか？それは氣の流れが詰まり滞っています。

氣の滞りは運氣の滞り。そんな時は氣の流れを変えましょう！窓や扉を開けて空気の入れ替えをする、手を叩く（柏手を打つ）、体を動かしストレッチする、アロマなど良い香りで空間を満たす、声を出してみる、人がいるならハイタッチ！飲み物を摂って気分転換してみましょう。

氣の流れるところは良い運氣が流れ開運されていきます。やってみてくださいね♪

愛と感謝の光があなたに届きますように。

※本書の内容は宮澤千尋名義で共著出版した『リアル引き寄せ』（マーキュリー出版）と響燁宥澪名義で共著出版した『スピ活のすすめ』（マーキュリー出版）の内容から本書に相応しい内容を抜粋し、再編集の上、掲載いたしました。）

【著者紹介】響燁 宥澪（きょうか・ゆうみ）

サイキックヒーラー。開運スピリチュアルマスター。

名古屋市生まれ。幼少期のころより人の感情や思いがわかり、また目に見えない存在や目に見えない世界を感じる。人との違いに苦しみ、一時はその力を封印する。人のお役に立ちたい！早く自立したい！との思いから高校を卒業後、働きながら看護師の道を目指す。その後、看護師となり、医療の現場で20年以上の経験を経るが、幼いころに封印した力は封印しきれなくなっていく。あるときより導かれるように、【手当て】というチカラで人の痛みや病の根本原因をＭＲＩのように見つけ出してメディカルヒーリングするようになる。その数は年間千人を超え、のべ１万人以上。

それがきっかけとなり、いままで隠されていたサイキック能力が開花。

ＭＲＩのように病気や不調の原因を見つけ癒すメディカルヒーリング、エンジェルヒーリング、オーラリーディング、アカシックレコードリーディング、アセンションヒーリング、才能開花ヒーリング、女神の女性開花ヒーリング、チャネリング、ハイヤーセルフヒーリング、ブロック解除、家系のカルマ解消、因縁解除、封印解除、魂の契約解除、縁結びヒーリングでは最短で出会ってから2週間で結婚、お財布コンサル・金運アップ設定では年収300倍などあらゆるヒーリング、土地の浄化、地場調整、開運リトリートなど多岐にわたり活躍。

ＮＬＰコーチ、脳科学コンサルタント、量子力学、ディープマインドフルネス瞑想法指導者、クリスタルボウル奏者。

圧倒的なサイキック能力が口コミで次々と広がり、海外から来日しセッションを求めるお客様も多数。

国内外の経営者様にも信頼が厚く依頼が絶えない。インナーベビーヒーリング創始者で養成講座を主催するなど現在はスピリチュアルとして活動は多岐にわたる。

誰もが持つ無限の可能性を開き、これから始める人にも、わかりやすく丁寧に教えている。

響燁宥澪【公式メルマガ】https://bit.ly/33UNcBP

響燁宥澪【公式ＬＩＮＥ】http://nav.cx/ftpM59F

第5章　てとて
サードアイ覚醒の原理原則

皆さん、こんにちは。『てとて』です。

え？誰？知ってる方は知っている、知らない方は知らない（そんな当たり前なコト言われても・・・笑）。

一応カンタンに自己紹介させていただきますと、現在、私は福岡で『てとてカイロプラクティック』という名で院を経営している傍ら、体感系エネルギーワーク研究にも没頭してる人間でして、新発見や新技が出来たら即刻「講座」やら「イベント」「YouTube」「FBグループページエネラボ」等でシェアして回っておる者です。

つまり、見た目は看板掲げてカイロ屋氣取ってますが、実際はエネルギー屋ってことです(笑)。

この文章を書いてる時点で業界歴22年。店を開業して15年目。もしかすると「凄いなぁ～」なんて思う方もいるかもですが、私から言わせれば「ここまで長々と私に飽きずに付き合ってくれてる皆様が凄いわなぁ～」なんて思っとります。

さてさて、自己紹介はこれくらいにして早速この章の「本題」へと参りましょう〜。もう書きたい内容なんてのはいっぱいあるワケですよ！（笑）

今回ここでお伝えするのは**『サードアイ覚醒の原理原則』**でございます。

この本の全体テーマはもちろん「スピリチュアル」。スピ好き、スピに興味ある方しかこの本を手に取ってないハズ（ですよね？）。でーすーが！初心者であるほど、いや、スピ好き歴長いヒトであっても「やり方に固執してる」方が多い、という事実よ。

世間を見渡すと、サードアイ（第三の目）を目覚めさせる方法なんて、本や講座、動画を観たりすればドカッとご紹介されておるワケですよ。そしてそれをやってみた方々が「あの先生の方法は凄い！」、「やってみたけど上手くいかない」、「あのやり方は眉唾モノだ！」なんて『できた／できない』と自分なりに評価して、できなかったらまた別の方法を検索してやってみる、というを続けているのが実情かと。
でもね、『そこ』ばっかり見てたらいつまでたってもあなたのスピ技習得レベルは上がらないですよ。
いや、失礼。ジプシーも結構楽しいモンですよね（笑）。グルグルジプシーですよ。

私も何かしらでグルグルしてた時代はあったと思いますが、それはそれで楽しかったと記憶しています。でも楽しいだけではやはりレベルは上がらないです。

じゃあレベルを上げるためには何が必要か？

『そこ』を超える事です。
『そこ』とは「やり方」です。
やり方を超えて**『あり方』**へ向かう事です。そして『あり方』とは**『原理』**の事です。

「原理って難しそ〜」なんて食わず嫌いならぬ「読まず嫌い」な方多そぅ〜ココで

本パタンとされちゃいそぅ〜〜まあでも書きます！書かせていただきまーすー。
ちなみに私の文章、他の方より多分結構フランク砕け系で書かせていただいており
ますが、私的にこの方が勢いで書き進めることができるのでご容赦くださいませ。で
は、参りましょう！

【動画の内容は本当か？】

先日、てとてのお客様からこんなこと言われました。

（客）「てとてさん、この間〇〇さんのＹｏｕＴｕｂｅでサードアイを覚醒させる方
法って動画観たんだけどさー」
（て）「ほうほう？」
（客）「その方法が、目を閉じて、指を眉間に当てて、その眉間から見てるイメージ
をするとサードアイが覚醒するんだってー」
（て）「へー」

（客）「で、てとてさん的にその方法は合ってると思う？それでサードアイ開くと思う？？？」

というやりとり。スピな皆さんはどう思います？コレでサードアイって開くと思います？

というかて、こんな質問されたらどう答えます？即答できます？では私の回答

（て）「その方法でも覚醒できますよ」

「へー！この方法で覚醒できるんだー、じゃあ私もやろーっと」

と思った皆さん、甘いです。

じゃあ、どうしてこの方法で覚醒できるのでしょうか？その『理由』説明できますか？この辺からフランクロ調でありながら真面目な話していきますよー、ちゃんとついてきてよーレッツラゴー。

【その①目を閉じるという行為】

目を閉じると視覚情報が左脳を経由せず、右脳や体感覚が優位になります。つまり身体全体で感じるチカラを上げるために目を閉じるワケですね。

【その②指を眉間に当て、そこから見るイメージをする】

指を当てている眉間の奥には何があるか？

それは『**脳下垂体**』です。

要はホルモンを出すところ、内分泌器官なんて言われるところです。

そこに指で触れたり、意識を持っていったりしてるワケです。当然その辺が「活性化」されますよね。活性化され

るとどーなるか？もちろんホルモンを出す量が増えます。

脳下垂体からは色んな種類のホルモンが出ますが、そんなのはネットで調べりゃすぐ分かるんで詳しくは書きませぬが、この話で重要となるのが「エンドルフィン」や「エンケファリン」です。「え？イルカと風邪薬の○ファリンがどーしったて？」と思った皆様。大丈夫です、そのくらいのボケ許して差し上げましょう。

と、言っても別にこのカタカナを覚える必要はもーとーございません。重要なのはこのフィンやらファリンやらが**『脳内麻酔』**の物質である、ということです。

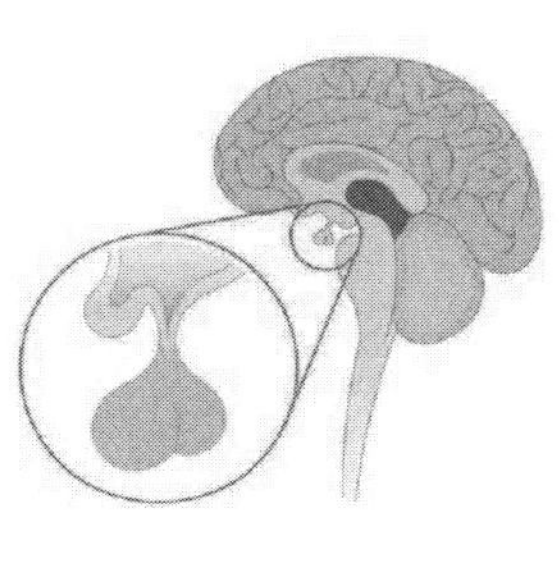

皆さんは整体やらセラピーやら、何かしらの施術を受けたことはありますか？ウチはカイロプラクティック院なので毎日ヒトを触るのですが、決まって施術が終わると「あ〜フワフワする」、「あ〜このまま寝て帰りてぇ〜」などと言われる。これは施術をすることでホルモン系が活性化し脳内麻酔が放出されたからです。

（Ｑ）脳内麻酔が放出されるとどーなるの？
（Ａ）脳波が**『シータ波』**に近づいてゆく

「え？天空の城ラ〇ュタがどーしたって？」

と思った皆様。大丈夫です、そのくらいボケ許して差し上げましょう。同時に「バ〇ス」なんて破壊の言葉を思わず唱えてしまったあなたも今回だけは目をつぶりましょう。

人間の脳波にはいくつかの脳波帯が存在するとされる。

ベータ波（１４～２６ｈｚ）　緊張、イライラ
アルファ波（８～１４ｈｚ）　リラックス
シータ波（４～８ｈｚ）　瞑想、意識の低下
デルタ波（０・４～４ｈｚ）　睡眠時

別に今この言葉を覚える必要はないですよ。もしかするとどこかの学校のテストには出るかも知れませんがね。で、シータ波は瞑想とかしてる時に発生するまどろみの周波数なんですねー。

そして、このシータこそが第三の目を覚醒させる『鍵』なのです！

こうやって書いていくと、なぜラ〇ュタの主人公の名前がシータなのか、分かる氣がしてきますねぇ(つと、コレを書いてる時にググってみたらホントにそのように書いてあってびっくり！笑)。

つまり、第3の目を覚醒させるためには、シータ波に近づく事が絶対原則だという事です。

（Q）ではシータ波に近づくとどーなるの？

（A）思考が低下してイメージが湧いてくる

瞑想初心者は、最初は日々の悩みやら雑念に駆られる(これはベータ波状態)でしょうけど、慣れてくると素早く心を無にしたり、日々の喧騒から離れたイメージが湧いてきたりしますよね、コレがシータ波状態。

日々の喧騒から離れたイメージが湧くという事は、顕在意識が低下しているということ、つまり潜在意識が表出してきたってコトです！

そもそも「寝る」という作業は潜在意識の仕事なんですよ。だから睡眠状態に近づければ誰でもシータ波になれるワケ。

(Q)てことは、第三の目を覚醒させる最適な環境って、暗い部屋に布団敷いて横たわるってこと！？

(A)御名答！そのっとーりです(笑)

私自身、実験で

立位でのリーディング・チャネリング

座位でのリーディング・チャネリング
仰向け状態でのリーディング・チャネリング

をやってみると「仰向け状態でのリーディング・チャネリング」が最も感度と情報量が多い感覚を受けますね。だから、第三の目初心者ほど寝て行うことを個人的には推奨しますね。

するど、今度はこんな質問が飛んできそう〜。

（Q）じゃあ何？スピリチュアルワークに長けてるヒトってのは、どんなＴＰＯでも一瞬でシータ波に持ってけてるってコトなの？
（A）そのとーりです！
（Q）え？どーやって！？
（A）リラックスする術を身につけることです。

この「リラックスする術」というのがスピ脳力最大の壁だと思いますね。
「バカの壁」ならぬ『スピの壁』ですね！

じゃあ、リラックスするためには何が必要なの？それは~色々ありますよね。

①自律神経を整える（自然に触れる・セラピーを受ける等）
②スピなヒトと共に過ごす
③リラックススイッチを探す　など

【①自律神経を整える】

自律神経を整えるのは超大事ですよね。
自律神経っていうのは心臓やお腹といった「自分の意思でコントロール出来ない領域の神経」という事です。

つまり潜在の自分がやってる事なんです。

自律神経を整えることは顕在意識の自分と潜在意識の自分の『統合』に繋がります。

カイロプラクティックの世界では、整えることで『イネイト・インテリジェンス』に繋がるとされています。イネイト・インテリジェンスとは『智慧』、つまり「宇宙と繋がる」という意味です。

仏教においても、損得の判断を行うのが「知恵」で、物事の真偽、善悪を見抜こうとするのが「智慧」としていますので、自律神経を緩めたり整えることはスピ能力の維持・アップには不可欠だと言えます。

【②スピなヒトと共に過ごす】

これも重要事項ですよね〜。結局、周りに理解あるヒトが居なかったら緊張しちゃいますよ！って話。よく「講座では出来るのに、家に帰って家族にやろうとすると全く出来なくなる」って方多いと思いますが、その正体は至極簡単で『相手に緊張』してるからです。そして、そんなあなたは「スピの素晴らしさを相手にどうにかして理解させたい！」と、これまた緊張してらっしゃる。そりゃ、とーてーシータにはなれませんがな(爆)。

そんな無理矢理、相手を自分の世界観に取り込もうと躍起にならんでよろしい。基本、相手はそうそう変わりません。私だって毎日施術してるのに、私の妻は1ミリもマスターしてくれません(笑)。

それなら興味のある人達の環境に身を置いて仲間を拡大してゆくほーがよっぽどよろしいタイパもよろしい。

【③リラックススイッチを探す】

ん？リラックススイッチって何？

例えば、俳優さんが泣くシーンの時、「亡き愛犬を思い出すと泣けるんです」といった涙スイッチがあるのと同様、思い出すと落ち着く～といったリラックス思い出スイッチがあるということです。

例えば、神社巡りする方は、好きな神社を思い出せば落ち着くでしょうし、海が好きな方は潜ってウミガメに逢えた時を思い出したら落ち着くかもしれません。

（Q）え？てとてさんは何を思い出してるかって？

（A）いや、何も思い出してません(爆)。

私はですね～ワークする時、いつも

（A）『頼んでる』んですよ。

【追加の④ 高次の存在に頼む】

要は、上の存在に「ちょっと繋げといてー」と頼むだけです。

ん？オレ頼んでるのか？なんか命令チックに聴こえるような（笑）。

でもコレもれっきとしたリラックス法です。だって、繋がる時、私一切頑張ってないじゃないですかー（爆）。

頑張るから緊張起こるんでしょ。だから上に作業やってもらえば超楽♪

超リラックス♪

はい！即シータ波ぁ～♪笑。


と、いう風にズラズラと喋るように書いてきましたがいかがでしたでしょうか。一応おさらいしておきましょう。

サードアイを覚醒させたきゃ
シータになる！リラックスする！仲間を作る！上をこき使え！笑以上です。

それでは最後に最近のチャネリング体験談でも書きましょうかね。

【ホテルにジイちゃんが現れた!?】

さっき、暗い部屋で横たわると繋がりやすいと書きましたが、実際に私は夜勝手にチャネリングが始まったりしますす(笑)。

そう、あれは東京出張先での某Ａ○Ａホテルでの出来事。

寝ようと思って電気を消して布団に潜ってしばらくした時に、な〜〜んか、どこからともなくジイちゃんの声がワーワー聴こえてくるではないか!?

「なんじゃーーい!オレは寝るんじゃーー眠りを妨げるなやーー五月蝿いのぉーーー」

突如繋がってしまったどこぞのジジイ。

話を聴くと名は『バンコ』だと言う。しかも中国の者だと言う。確かにヒゲ伸ばした　仙人みたいなヤツの姿が見えるわ。

てか、オレ中国の知り合いとかおらんしーー中国の神様とか調べたことねーしーーー。

と、電気つけてスマホでググッてみたら

「盤古(バンコ)、マジでおった!」

盤古氏

え?中国最古の神とか書いてある?日本でいうところのアメノミナカヌシのようなもんか?

まあそれと同じ人物かどーかは怪しいところだが(笑)。

しかし、「なぜ中国の神が急に現れたのか?」の方がよっぽど個人的には謎でそっちを考え込んでいたのだが、あ!そーか。A○Aホテルの宿泊客が中国人だらけだからだ!やっぱ中国人が居るところには中国の神がつくっちゃやねー。

周りが中国人ばかりなせいで突如つながってしまった中国のジイちゃん。こうなったのも何かの縁(?)なので、研究中のテーマに関する内容を質問してみた。

【御守に使える形を降ろしてみた】

(て)「私、最近御守りや形の研究をしておりまして、何か健康運アップとかに効く形とかありませんかねー?」

(盤)「健康とは資本の一部。資本とはこの世にある全て。つまり身体と天地が一体になることが必要じゃ。」

(なんか意外に真面目なこと喋ってくるな、このジイちゃん)

(て)「ほ？ほう。ではそれを形として表すとどーなるのでしょうか」

と、聴いて浮かび上がってきたのがこの形。

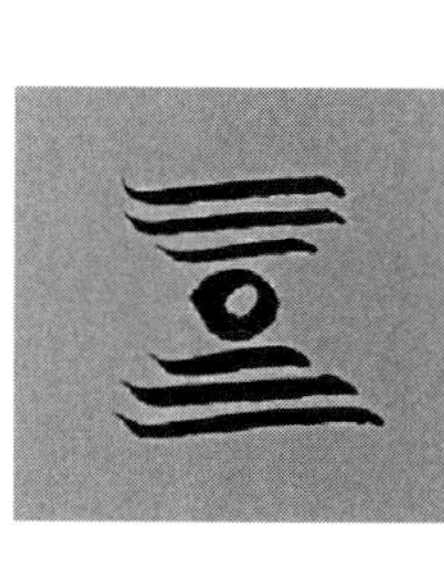

(て)「こ、コレは一体何を表すのでしょうか？？？」

（盤）「真上と真下の棒線は『天』を表す。我々は宇宙（天）に囲まれておるのじゃ。そして、二番目の上下線は『空地』じゃ。三番目の短い線は『生物』と『物』を指す。中心の丸は『自分自身』を表す。丸の黒い部分は『肉体』であり、白い部分は『魂』である。これが『天地一体』である。」

（うおっ！？ジイちゃんなんかめっちゃまともなこと言ってっぞ。こりゃあ、ひょっとするとひょっとするかもなー）

なんて思いまして、色んな御守りに使えそうな形を引き出してみた。

（て）「なら、今度は金運の形をお聴きしたいのですが～」

（盤）「金運なんぞ存在せん」

（な、な、なんですとぉぉぉぉぉーーーー！？）

（盤）「身体こそが金じゃろう。何を申しておるのじゃ、お主は」

（て）「な、なるほど」

（盤）「それを言うなら財運じゃろう」

（なるほど！金運と財運は違うのだな。確かに身体が資本なのだから身体こそが金と捉えられるわな）

（て）「では財運はいかがなものでしょう？」

（盤）「己が末広がりに広がる様。しかしそれだとグラついてしまう。周りの支えがあってこその財。これにより強固なものとなるじゃろう」《次ページ上図》

（て）「ほー！」（この時点で寝ては起き、電気付けてメモを繰り返してる）

（て）「そーいえば、ギャンブル運なんてあるんでしょうか？」

（盤）「賭け事とは、どうなるか分からない状況を中心からじっくり見定める様じゃ。つまり自身の周りに三回のハネを書く。ハネは線よりも制御が効かない。制御が効かないものを制する心構えが必要なんじゃ。」

（て）「なぜ三回なのでしょう？ 別に一回でいいのでは？」

（盤）「お主は何を言っておる。ヒトと物の動き、空地の動き、天の動きを読みとれてこそ賭けに打ち勝てるのだろうが」《左下図》

（ヤバッ！ じーちゃんのクセに言ってることマジかっけーちゃけど）

（盤）「良いか。形とは意識じゃ。だから全てに意味が必要なのじゃ」

【地下鉄でもチャネリング】

結局夜中3時近くまで目に見えないじいちゃんと喋っててそのまま寝落ちた私。

翌朝はチェックアウトして次の仕事場へ向かう。


しかし、夜は「健康運」「財運」「ギャンブル運」しか聴けなかった。他にも「恋愛運」やら「子孫繁栄」「八方除」「交通安全」やらなんたらかんたら聴き出さなあかん。

てなワケで、地下鉄で移動しながらチャネリングを開始する。

一度エネルギーを覚えてしまえば再度繋がることが可能となる。

そんなこんなで仕事場に着くまでボケーっと瞬間シータ派状態を繰り返しながらチ

ヤネリングし続けた。結果、電車を乗り過ごしてしまった(笑)。

だが、そのお陰でおおかた運勢の形を聴きだすことに成功。しかしここからが本題で

その形はホントに効果があるのか!?

ココ！ココですよココ！上の存在のお言葉というのはやはり上から目線のものが多いんですよ。

私は何年も体感形エネルギーワークの見地から、現実世界に影響を及ぼす形を探している。

例えば、「気」よりも旧字体の「氣」の方がパワーが上がったり安定したりするというのはこの業界では有名な話で、そういうのを「形靈」とか「言靈」と呼ばれたりするんですが、そんな感じで様々な機能を形化して現実に影響を与えられないか？というのを常日頃考えておるのです。そして、今回書いてるこれらの形は出したばかり

なのでまだ検証を始めていないのです。

え？そんな御託はいいから早く他の形を教えろってて？

残念！実はお時間が来てしまいました。

いや〜文字数の制限なるものがございまして(笑)。

なので、続きはＹｏｕＴｕｂｅで！本だけじゃあ終わらない。限定動画を撮りましたのでＱＲコードから飛んでくださーい。チャンネル登録もよろしくお願いしますー。

【著者紹介】てとて

日本音叉メソッド®エネルギーアップ協会代表。体感系エネルギーワーク研究家。てとてカイロプラクティック院長。健康グッズ『ゆる玉®』開発者

一九七九年生まれ、佐賀県出身。心と身体、そしてエネルギーに耳を傾けたキネシオロジーを駆使したアプローチを続けている。セッション件数5万回以上「誰もが魔法使いのようにエネルギーを簡単に操れるようになって、幸せを引き寄せるにはどうすれば良いのか？」「エネルギーワークでこの社会に貢献出来る方法はないか？」日々そのような事を意識しながら、セラピストの育成、セルフケア、パフォーマンスアップ法、エネルギーグッズの研究を進め、国内外で伝えて回ってる。

30歳で独立、福岡の平尾という地に『てとてカイロプラクティック』をオープン。外部イベントに出展する事がきっかけで、コラボ依頼が増え、全国各地でエネルギーワークの講座を開催するようになる。最近では『トータルヘルスデザイン』様からも

お声掛けいただき定期的にイベントを開催。現在店舗でのセッションは「一見様お断り」としながら、各地にて施術会を開催。日々の臨床研究から様々な講座を展開中。
大切なことは心と体と魂が一体となって人生がより豊かになっていくこと。命輝き、日常の中に輝きが溢れてくるキッカケをサポートできればと思っております。

【主な講座】
「てとて式音叉メソッド®」「パフォーマンスＵＰやる氣スイッチＯＮ」「ＴＲＩメソッド癒し人養成講座」「金運スイッチＯＮ」「てとて式セルフメンテナンス」「無重力リラクゼーション」「プロスキル講座」他

【主な開発グッズ】
健康グッズ「ゆる玉®」「ゆるピロー」「ゆる棒」　５Ｇ電磁波対策カード型御守り「YuruCA 5G black」他

てとてカイロプラクティック　福岡市南区大楠２丁目19の24　エースハイム平尾１Ｆ

第6章　緒形麻耶

空間を超える奇跡の画家活動

壱、　わたしが画家になったことで起き始めた不思議な出来事

色々な絵の仕事を経て、今は「画家」「アーティスト」として活動をさせていただいている緒形麻耶です。

見えない世界を感じ、その場と対話をして、その地の神々に感謝を捧げ、イメージを降ろし、精神統一をして描きます。

画家になったことで今までは目に見えないと思っていた世界や存在がぐっと近づいてきました。

神々、神獣、妖精、鬼のような存在、妖怪、これらは・・・本当に存在しています。

そんな体験を書くことで皆さんにも何か伝わるものがあるのではないかと思い、今回はペンを執ることに致しました。

不思議なことに、コロナショック・パンデミック（新型コロナ発生二〇一九年・十

二月）が起こる数年前より今後の人生に大きく影響し合う仲間や友人と続々出会うことになり、画家として大きく飛躍するきっかけもいただき、不思議なヴィジョンを夢で見る機会も増え、神社仏閣に誘われる機会が増えたのです。

弐、過去世の弟と琉球王国で最高位の神女を輩出していた「久高島に繋がる聖地」で祈る

沖縄になんとなく一人旅をした後（これも偶然ではない流れだったのですが）、この後、何人もの過去世でのパートナーとの再会がありました。

その中の一人、久高島での姉弟だった時の弟が「画家として生きれるようにする」手助けをしてくれました。彼とは共通の知り合いが一人もいない中でＳＮＳでたまたま目に留まった沖縄の美しい虹の写真がきっかけで連絡がとれるようになった仲です。

そして土地のご縁は沖縄の離島・久高島にありました。

久高島とは、琉球時代に王のおなり神・聞得大君（国王と国を霊的に護る最高位の霊能力者・神女）を輩出していたとされる神聖視されている島です。

子育てが終わった女性たちは「イザイホー」にて本当の神女となり島と男達を守る役割を果たすのだそうです。女性は結婚しても霊能力を失うことはありません。

なんだか縄文の時代の片鱗を見たようで本当に嬉しくて、女性のあり方の起源に迫ったと思いました。

私が「イザイホー」の御神事の入口に立った時、わけもわからず涙が止まらず号泣してしまいました。

魂の邂逅が起きるとこういうことがあります。表層意識では何が起きているかわからないけれど、魂は懐かしさを感じているのでしょう。

久高島の住所は南城市でして本島の南部、南城市に琉球の王と神女が祈り場としていた斎場御嶽があります。また、琉球神話の創世神アマミキヨが降り立ったとされる海辺もあります。

そこはなんと、海の中、浅瀬にストーンサークルがありました。その海辺に訪れた時、海辺の近くの山の手前の聖地で過去世の弟に案内してもらい沖縄の神様にお願いをしてもらいました。

その願いはわたしが「アーティストとして生きていけるようになる」でした。

実は二十代は絵の仕事をしていたとはいえ、友人のためにイベントを開催したり、人生が大変な友人の手助けをすることにかなりな時間を費やしていました。

また、責任感や正義感が強いからか、氣づくとボランティア活動、社会貢献事業を手伝うことも多く、親友に「なんかまた絵を描く時間が減っちゃった・・・。」とよく呟いていたようです。

「麻耶、いつもそれ言っているよ・・・。」と言われたときにはっとしたのです。

「もっと人生で表現すること、絵を描くことに時間を使いたい！」と強く思いました。

勿論それまでの人生も自分で選んで来たことですから誰かのせいではありません。

自分で強い意思と心を持たねばと思い直しました。

そのあとです。そんな事情を話さなくてもわかっていた能力者の過去世の弟が現れて「麻耶さんは絵以外のこともやりすぎだから、もっと絵に集中できるようここの神様に応援を頼もう。」と、とてもパワーのある神様のいる聖地に連れて行ってくれたのです。

守護霊に何か働きかけてくれていたようです。この時はまだ沖縄の神様のこともよくわかりませんでしたが、直観や流れがGOと言っていました。

道なき道、木々を幾重も抜けて抜けて辿り着いたところには、巨大な木々の連なるゆりかごがありました。

そこで神様にアクセスしてもらいました。

思えばこれが聖地や神様を認識し始めた最初だったと思います。

今は聖地では色々なビジョンが降りてきますが、この時はまだ感覚がそこまで開いていませんでした。

そしてこの神様へのお願い（アクセス）のおかげで、この後大きな仕事をやり遂げる流れとなるのです。

参、世界中を旅したオーナーがいる飲食店「ルートゼロ」が繋げてくれた大きなホテルのお仕事

そして、その少し前に普段行かない様な知らない方ばかりの大勢の飲み会に参加しました。

後で聞いたら「自分の周りで一番変な奴を連れてくる飲み会」だったらしく笑いました。

この時声をかけてくれた、まりーなには一生、感謝です。

そこで、たまたま隣の席に座ったサーファーのような陽氣なお兄さん。それが今も仲良くしていただいているＢＡＲ「ルートゼロ」のオーナーＴＯＭＯＭＩさんでした。

「何やってんの？」

「絵描きです。」

「どんなの描いてるの。」

「これです。」ＨＰ等を見せる。

「えー、いいじゃん。うちにも描いてよ。」

と定型文のような簡潔なやりとりでお店の壁画を描かせていただくことになりました。

さらに、なんとお店で壁に絵を描いていると銀座のあるギャラリーの社長さん達が来て、紹介してもらえることに。

丁度、新しく建てる銀座のアートホテル全面の絵を描く画家のコンペの最中ということで、わたしもエントリーさせていただくことになりました。

書くと一文ですが、実際、期日も近く短時間で絵やデータを用意することはとてもとても大変でした。ほぼ寝れない日々が続きましたが、新しい局面にわくわくドキドキ・・・いや、バクバクしていました。

プロ達の目に晒されながら、数メートル規模の大きい絵を仕上げる工程を急スピードで学びながら、この時に自分は何を描いていきたいのか、どんな世界観を創りたいのか、どう表現力を広げていくか等、とても沢山のことを考えさせられました。

今では「感覚のまま、直感のまま行動し、感謝をしながら、流れに身を任せていれば最高の波に乗れる。」とわかっているのであまりあくせくしませんが、この時に学び、考えたりしたことは、私の人生で貴重な経験となり今にとても生かされています。

そうして、数ヶ月後、コンペの最終選考まで通り、十月に「麻耶さんに決定しました。」と連絡をいただきます。

「やったー！」と思いつつなんだかまだ夢心地でした。

そのホテルは海外のお客様が多く宿泊する想定でしたのでテーマは「日本佳景」日本の四季を抽象画で表現することがお題でした。

日本の四季、植物や花、花言葉を日々調べてそれを表現する色を試す、そしてそれを企画書に落とし込む。しばらくその繰り返しでした。

和紙屋さんも廻り、試作の試し描き。

和紙や日本画の奥深さを認識したのもこの頃です。

四柱推命の運氣では良くない時期だったようですが、私は絶頂期だったと思います。かなりなプレッシャーを乗り越える時期ではありましたが、「悪いとされている時期も自分の氣持ちや行いで大きく転換できる」と自信にもなりました。

でも、この仕事をいただけたのは、皆さんによる沢山の合いの手のお陰様だと思っています。

そして後からわかったのはマヤ暦でみる私の「人生の転機に現れて私を助けてくれるガイド」が「青いサル」なのですが、ギヤラリーに繋げてくれたルートゼロのスタッフさんが「青いサル」でした。

そして、ホテルが完成し見せていただいた日がなんと丁度「令和元年の元号発表の日」四月一日だったかなと思います。

ホテルのテレビ画面で関係者さんとそれを一緒に見たことが今も鮮やかに思い出されます。

このホテルの大規模な仕事をやり遂げたことで、今までにない規模の体験も沢山味わわせていただきました。取材や作品のテレビ紹介、全世界のホテル予約サイトへの掲載など。ホテルの関係者の皆様もとても親切な方ばかりでした。

しかしながら、一時盛り上がったこのホテルも新型コロナの影響で今では名称や風貌が変わってしまいました。けれども、この貴重な経験は一生忘れません。

そうしてまた、次の出逢いへと導かれていきます。

四、私の転機になった鍼灸治療院のハモリング

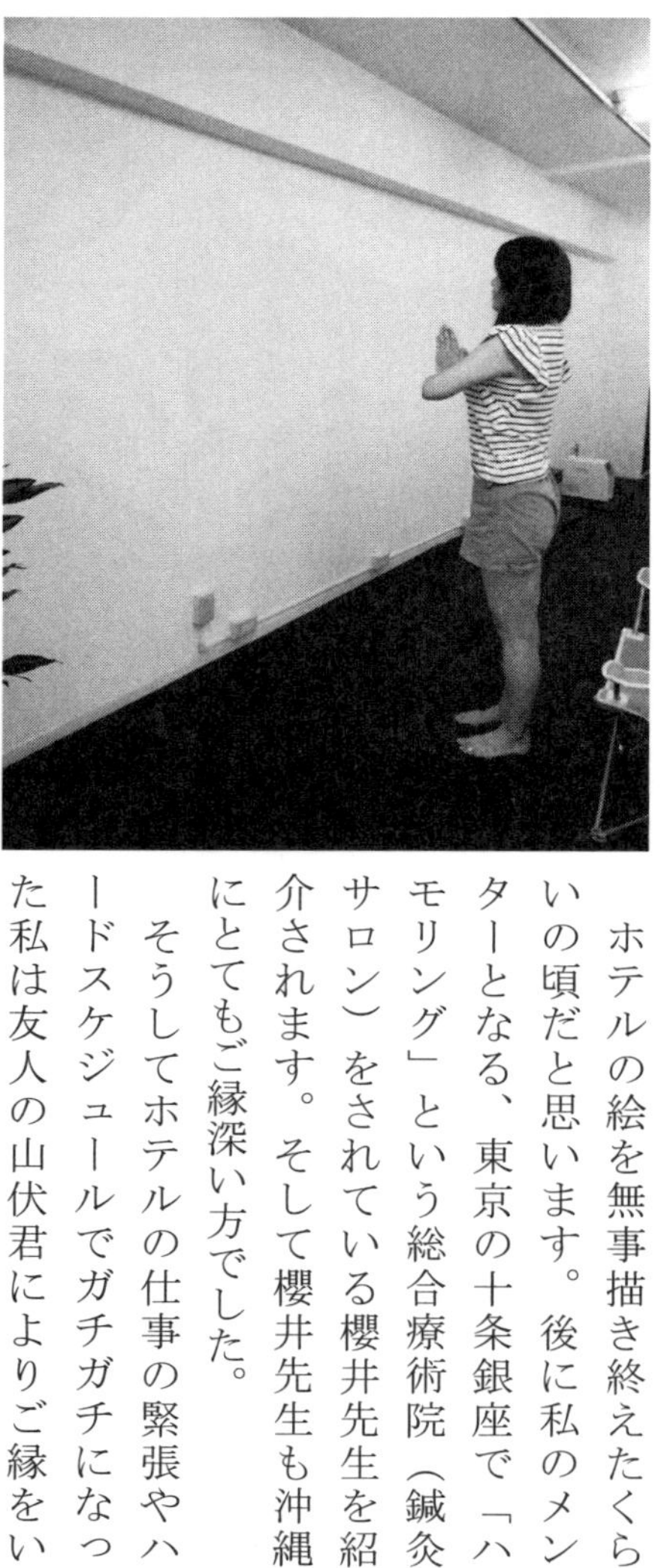

ホテルの絵を無事描き終えたくらいの頃だと思います。後に私のメンターとなる、東京の十条銀座で「ハモリング」という総合療術院（鍼灸サロン）をされている櫻井先生を紹介されます。そして櫻井先生も沖縄にとてもご縁深い方でした。

そうしてホテルの仕事の緊張やハードスケジュールでガチガチになった私は友人の山伏君によりご縁をいただき、身体を丁寧にみていただけることになりました。

そして初回にわたしは、おでこからブシューっと瘀血が出ました。これは痛くはな

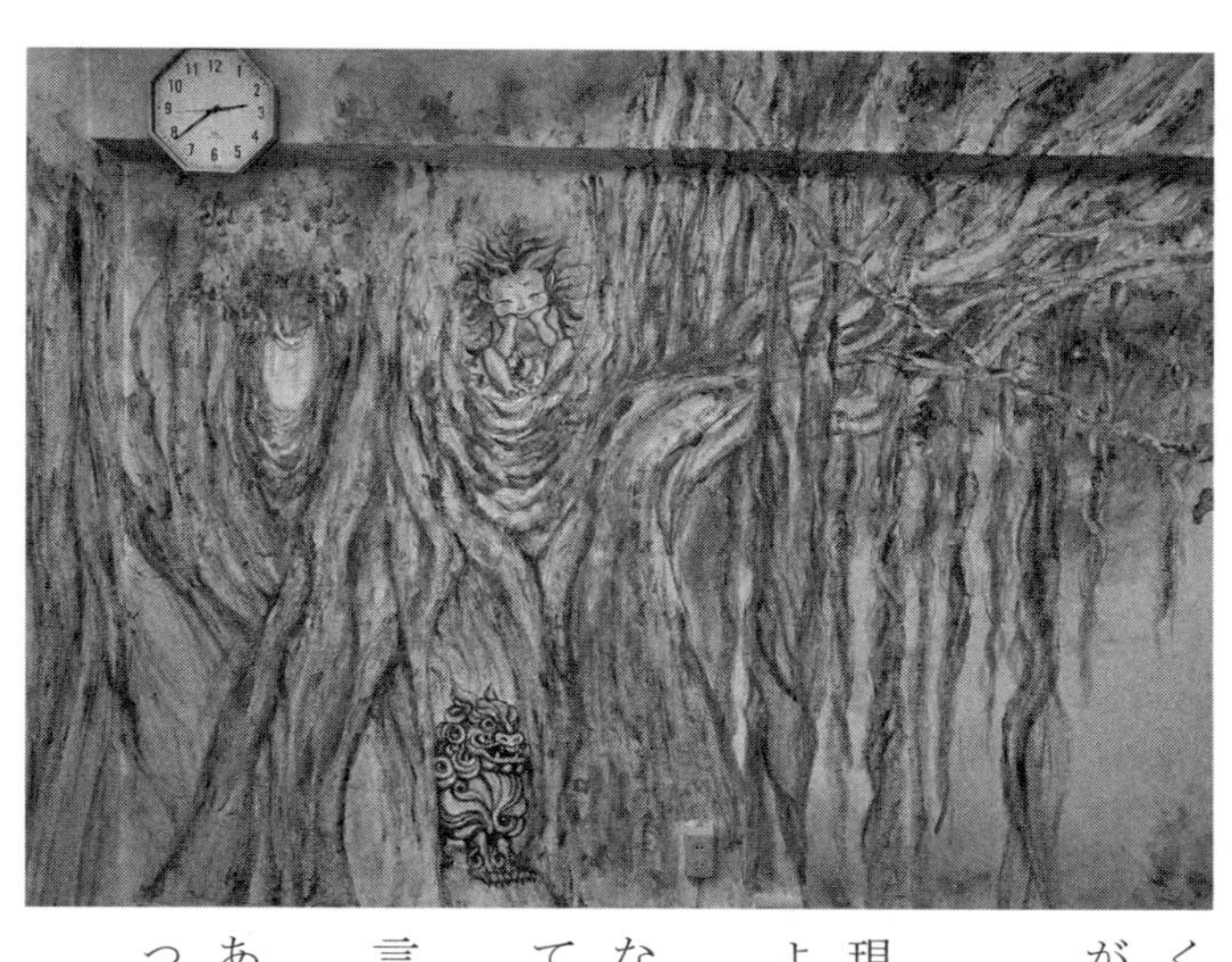

く血液循環が悪くなっている箇所の悪い血が出たということです。

そして、深い一言「麻耶ちゃん、まだ表現したくても出来ていないことがあるでしょ。それをしないからだよ。」と。

「何年かに一度、足のケガをするんじゃないかな。それはずーっとその表現を出来てないからだよ。」

全くその通りでした。深い深いところを言い当てられたようでした。

そう、私の中にある戸惑っている表現があり、それを描くとかなりハードなのでずっと後回しにしていたんです。

書いていて氣づきましたが、まだ描いて

いません。でもようやく描ける氣がします。そんな鋭い先生から驚くべきお言葉を頂きました。

「新店舗をオープンするから、麻耶ちゃんに壁に絵を描いてほしい。」

これは、物凄く光栄なことと思い、感動しました。これだけ感性の良く何でもわかってしまう先生に抜擢していただけるとは。「麻耶ちゃんの感性が物凄く良いのはからだを視てわかったよ。」と言われて泣きそうでした。そしてハモリング一号店、二号店にも描かせていただき、そこでまた不思議なことが沢山起こり始めます。

伍、ハモリングに描いた沖縄の妖精たちが動き出す

そうして、無事オープンした鍼灸治療院の新店舗「ハモリング」に壁一面に絵を描かせていただきました。店名の「ハモリング」の意味は「調和の環。ハーモニーのリングから調和の還元、循環する世界。」という思いが込められているとのことです。

まさに今の時代に必要とされていること、そうなっていく世界、だと思います。

壁を拭いて、挨拶をして、沖縄のがじゅまるの森を呼び出すようなイメージをした後、思い浮かんだ景色を手を通して、つなげて、つなげていく。

そうして描き上げた壁一面には、沖縄のがじゅまるの森、森のボスでみんなをあたたかく見守るキジムナー、滝で遊ぶ精霊、阿吽のシーサー、琉球の鳳凰、パステルカラーの雲たちが出てきました。

描いてから少ししてまた来店すると・・・。

「麻耶ちゃん、不思議なことが起こるのよ～。」と先生。

「誰もいないのに氣配がする。でもなんだか小さいかも？」それを聞いているうちに私の携帯電話が勝手についたり消えたり。

「何かいますかね(笑)いたずらっ子が。」

すると先生が壁の絵の木のうろの部分を指して「あー、ここだ。ここがあっちと繋がってる。」

どうやら沖縄のどこかと繋がっていて精霊たちが行き来しているようです。なんだ

かもう、作者を通り越して新しい世界が繰り広げられています。

また或る時、友人と訪れると、

「麻耶ちゃん！この子が話しかけてくる！」と友人。

「え～。そうなんだあ。ロン（龍）君て言うらしいよ！」この友人はまともです。

彼女も画家で感性が飛び切り良いのです。そして、同じことを別のお客様が言ったそうです。もう一人、滝の精霊君と会話をしてくれたのは小学生の女の子。

「僕はロンだよ。」と言っていると先生に教えてくれたそうです。シエンロンのロン、中国読みですね。この壁には龍は描いていないけど龍君がいました。

私の描いたものたちに対して「さあ！ご依頼主様に良い氣を与えてね～！」と送り出しています。ハモリングは先生もお客様も感性がとても良いので、絵たちにも良い氣を浴びせてくれて一緒に育ち、変化しているのだと思います。ありがたい循環です。まさにハーモリング！

「麻耶ちゃんの絵は祝詞になっている。神様と繋がる世界を描くから神様が喜んでいるよ。お客様もそれを感じてくれる空間になった。」と言ってくださいました。

六、半分翼の透けた鳳凰は、次元を飛び超える

鍼灸治療院ハモリングの壁に描かせていただいた琉球の鳳凰さん。

この子は片側の翼が透けています。あとで色を乗せて濃く描こうと思っていたのですが、どうにも加筆する氣が起きない・・・。

でもプロとして描きあげなくちゃ。

そんな状態で悩んでいると来店するお客様からも「鳳凰はいつ完成するんですか？」

「これで完成ですか?」と聞かれる。先生からも確認される。けれど、描く氣が起きない。うーん。なんて言ったら良いんだろう。

そんな中、ある日、ふと降りてきました。

「あの鳳凰は次元を行き来する。だから片翼の色が薄くて透けていても良い。片翼を違う次元に突っ込んでいるからだ。」と思いたち、先生に伝えますと、「麻耶ちゃん!そうそう!この前鳳凰の前の空間にぐわぁ〜って穴があいたの!空間が伸びておかしくなった!次元が開いたよ〜!その通り!」と言われて「あっ、合ってた・・・。」とほっとしたのです。なんだか氣乗りしないことは一旦無理せずに置いておく。じきに答えがわかるようになっている。

七、キャリアウーマンを癒すピンクの花の絵

東銀座駅からすぐの「漢方銀座輝き堂薬舗」さん。

一緒にイベントをさせてもらったりと仲良くしていただいているあらゆる症状に寄り添ってくれる漢方のお店です。

そこにピンクの花の絵を飾っていただいています。

ホテルの仕事の時に花を沢山描いていた中の一枚です。特にタイトルはありませんが藤や櫻のイメージです。キャンバス地の布に印刷した絵なので壁紙という感じですが鮮やかです。

「自然で緑の合うこのお店には少し派手かな？大丈夫かな？」と思っていたのですが或る日、陽子先生が
「麻耶ちゃん、不思議なんだよね〜。」「どうしたんですか？」

「この絵をね、良いですねっていうお客さんのタイプが同じなの。」

「ええ〜！」

「キャリアウーマンで仕事が出来てとてもしっかりしているんだけど、頑張り過ぎて少し疲れちゃった女性。しばらく絵の前にいたり。」

この現象にはびっくりです。まったく意図せずなところで特定の方を癒せるという

ことでしょうか。

この絵はどんな波長を出しているのだろうか、と不思議でしたが最近入って来た情報から少し紐解けそうです。

芸術家は生み出すものに反作用が起こることがある。と言えばわかるでしょうか。例えば、偉大なる作曲家のシューベルトは生涯、体調不良だったとか。そして三十一歳という若さでこの世を去っていますね。

「自分が体調不良だとそれを癒す音楽が創り出される。」ということでしょうか。色々なモードの時があるので勿論、癒しの曲だけではないと思いますが。

また、有名な昭和の女性歌手のM・Tさんは「辛い時程、楽しい曲が出来る。ハッピーな時程、ドロドロした曲が書ける」と言っていました。

つまり、今回のわたしの花の絵はホテルの仕事で何十億円ものプレッシャーがのし掛かりつつも描き上げたという状況で、自分を癒す周波数が織り込まれたということかもしれません。

「生み出す」ということはかくも奥深い。

そう思うと自分のどんな感情からくる作品も意味深く、誰かに響くものになると思いませんか。

絵を見てみたい方も是非ということなので氣軽に立ち寄ってみてください。

八、自分に合う主人を連れてきた龍の絵たち

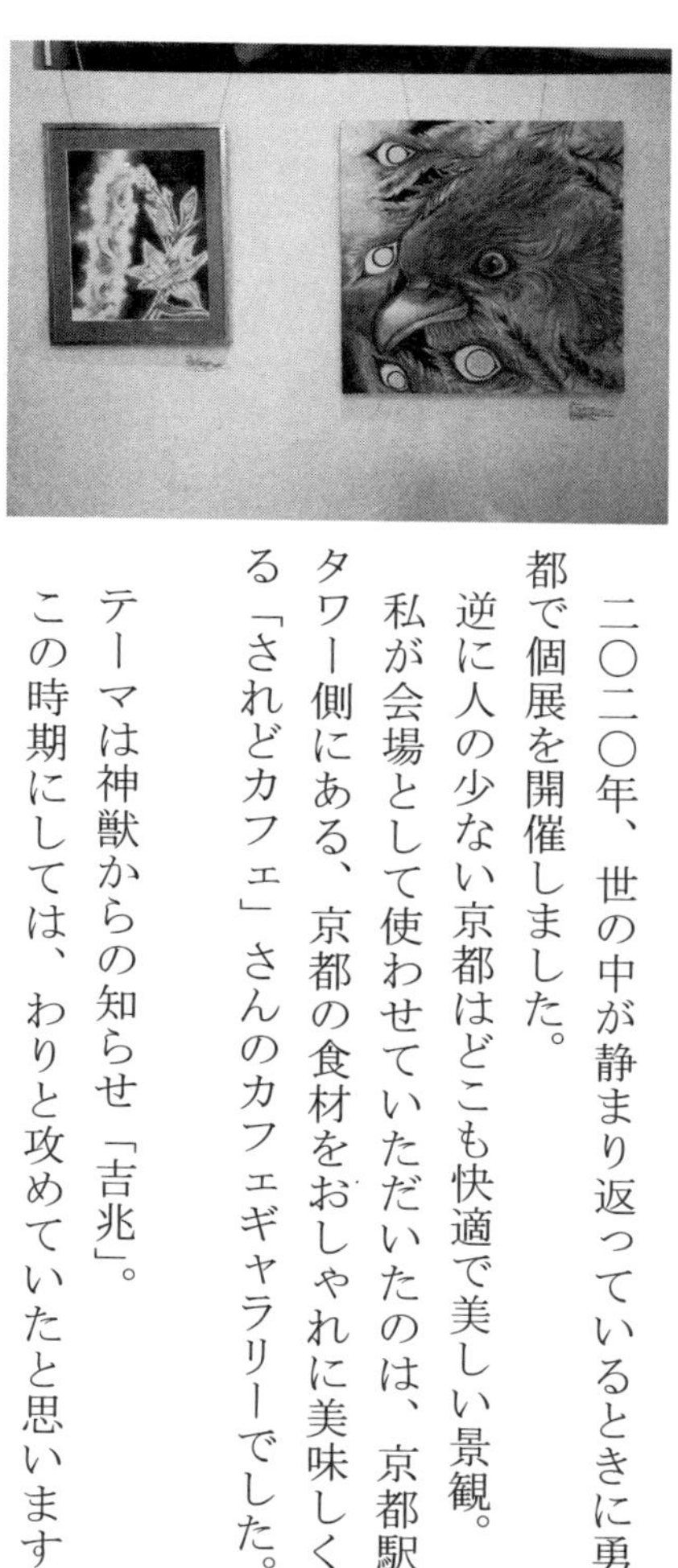

二〇二〇年、世の中が静まり返っているときに勇んで京都で個展を開催しました。

逆に人の少ない京都はどこも快適で美しい景観。

私が会場として使わせていただいたのは、京都駅の京都タワー側にある、京都の食材をおしゃれに美味しく楽しめる「されどカフェ」さんのカフェギャラリーでした。

テーマは神獣からの知らせ「吉兆」。

この時期にしては、わりと攻めていたと思います。でも

世の中が元氣がなかったからこそ、皆さんに聖なる存在の応援がちゃんと見護ってくれていると認識して欲しかったのです。

そうして五神獣を中心にわりと色々なタイプの龍を描きました。

楽しそうに玉遊びする龍たち、優雅な月夜の金龍、しゅるしゅると空を泳ぐ天の双龍、美しい宇宙へ飛び出す昇龍。すると、最終日に一氣に龍たちがお嫁に旅だったのです。それも本当に、絵の雰囲氣そのままの方々のもとへ。玉遊びする龍は元氣に全国を飛び回る仕事をしている元氣な友人のもとへ。優雅な金龍は優雅な雰囲氣の京美人さんのもとへ。双龍は絵のように自由に楽しそうに生きている山梨の博学な女性のもとへ。宇宙の昇龍はやさしくおおらかな雰囲氣の京都の男性のもとへ。

「龍君たち、よかったね。自分で呼んで来たでしょう。」と微笑ましく思わざるを得ませんでした。

玖、　神話の金鶏が導く、奈良の橿原へのいざない

二〇一九年の年始だったと思います。

うたた寝をしていると庭に大きな鳥が入ってきました。
こちらをずーっと見ています。
暫らくして飛んで行きました。

これだけなら何の変哲もない日常なのですが、この日前後、鳥との遭遇率が高かったように思えて、

なんとなく氣になり、丁度その時お寺で修業していた友人と連絡をとっていたので少し視てもらいました。

するとと「うん、大丈夫。金色に光っているから悪いものじゃない。」と言われて「？」だったのですが、今になってこの光る鳥は奈良の橿原市へ導いてくれる金鵄だったのではないかと思うのです。

二〇二〇年に京都で個展を開催させていただいてから関西のご縁が広がり出しました。それと同時にだんだん神社仏閣の夢やビジョンが降りてくることも増えてきました。この鳥のシグナルは本当にそんな時期の初期だったと思います。

奈良の橿原市には日本の初代天皇と云われる神武天皇を祀る橿原神宮があります。日本書紀では神武天皇を先導し戦いに勝利をもたらしたのは光る「金鵄」とあります。

古事記では金鵄は登場しませんが、神武東征の際に熊野から大和へ先導したのが八咫烏で、この金鵄と八咫烏は混同されたり、同一視されたりもします。

年始に現れた光るカラス・・・。この存在も金鵄であり八咫烏でもあるかもしれません。

そして二〇二〇年の夏、わたしはなんとその橿原市の観光大使の間瀬さんと偶然、京都のされどカフェで出逢うのです。

その時は挨拶を交わした程度でしたが、それから二年後、その間瀬さんが、今度は京都のされどカフェと同じオーナーさんが経営する向日市のちゃばなカフェにいらっしゃいます。

そこに飾ってもらっている私の絵を見てくださり、そこで何かインスピレーションを得た間瀬さんは私に連絡をくださいました。急な連絡に何事かとびっくりしたことを覚えています。

そこから色々なことが動き出し、なんと二〇二三年に橿原市の重要文化財・八木札ノ辻さんで展示会を開催させていただく流れになるのです。

そして、私の守護神の一柱が天日鷲様だとわかり、浅草の鷲神社にも繋がります。美術展に集ったアーティスト達はもしかしたら、金鶏に動かされた人たちなのかもしれません。

拾、作者を呼びつけるタロットの女神の絵画

橿原の重要文化財の展示会でジョイントしてくれたアーティストの一人にゴング奏者・画家である水谷翔さんという過去世からのご縁の深い友人がいます。

彼は「ゴングで振動による生命覚醒の喜びを伝搬させる」ビジョンを掲げ今や世界を飛び回り勢いで活動しています。

二〇二三年の橿原市での展示会が大盛況で終わった後、彼は東京ですぐに「サマーミューズゴング」という演奏会を開催しました。そこに私の女神たちの絵も展示してくれました。

その時の不思議なお話です。

会場にいらした小顔矯正の美人な先生に「この女神の絵を描いた方いる?」と呼ばれます。

なんだろうと行ってみると「この女神が制作者に言いたいことがあるって言ってるよ。」なんと!初めてのケースです。まさか自分が描いた絵に呼び出される日が来ようとは!その絵は強い。確かに強い絵ではありました。

「タロットカードのジャスティス」ウラヌスとガイアの娘でチィタン（巨人族）にして正義の女神テーミスと謂われています。

急に頭に浮かんで一心不乱に描いた女神でした。どうやって描いたか覚えていないくらいです。

その女神が言うには「もっと自分を出しなさい!絵だけを見てもらおうとするのではなく自分自身も絵と一緒に前に出ること。」要約するとこうでした。

今の時代のことを良く御存知で・・・まさにな言葉でした。

前に出ることが苦手な私に今の時代は違うと喝を入れてくれたのでした。

「そうするともっと痩せるよ。」最後の一言が一番響いたのは内緒です。（笑）

伝えてくれた美人さんは何者だ?何でもお見通しの魔法使いのようでした。

拾壱、出雲のご縁・神秘のヴェールに包まれた出雲の神々

金鵄が出てきた同年、実は出雲の稲佐の浜もビジョンで降りてきていました。（大和と出雲のどちらからもビジョンが来るとは不思議です）

そして、思い切って出雲へ一人旅をすることにしました。

そこで出雲市駅の前の道を渡ったすぐのところにある「おろちの樽」という居酒屋さんに入ることにしました。

出雲のことを何も知らないわたしは一見でもお店の入れるのか、ドキドキしていましたが、優しい雰囲氣に安心しました。

そこもまた不思議な居酒屋さんでした。常連さんたちが優しく、おごってくれたり、翌日、車を出してくれる方まで現れたのです。

呼ばれて来るとこんなにもお迎えをしてくれるのだなぁと感動しました。

神聖な地ではたまに地元の人が神様の遣いになって出迎えてくれることがあります。神社で急に神社に詳しい人がひょっこり現れたり。秘密の場所に連れて行ってくれる人が現れたり。そういう時はその土地の神様が出迎えてくれたと思って良いと思います。

初めての稲佐の浜では「白鳥」が出迎えてくれました。

「海に白鳥ってよく来るんですか？」と聞くと「いや、ずっとここに住んでるけど初めて見たよ。」と言われました。この白鳥の意味もゆくゆくわかるのかもしれません。

神社仏閣では呼ばれて行くと、色々な存在がお出迎えしてくれますね。

そこから現在まで、出雲の隠された神話に近づけるような人との出会い、場所との出逢いが沢山ありました。

島根県の神社仏閣には考古学者さんや建築風水師さん、能力者の方と三十箇所以上は廻ったと思います。

長くなり過ぎるので割愛しますが、その間いろいろな不思議なことが連鎖して、今では「おろちの樽」さんにわたしの描いた「スサノオ様」「スセリ姫様」の絵画が飾られています。

これは地元の方にも好評なようでとても嬉しいです。

皆さんも機会がありましたら是非行ってみてください。

拾弐、「俺のからだはもっと大きいぞ!!」と夢で訴えてくる琉球の龍

埼玉の嵐山に「犬のとこやさん」があります。

ハモリングと山伏の紹介でオーナー（スピリチュアルカウンセラー）のみのりさんと知り合い、壁の絵を任せていただけることになりました。

みのりさんもまた沖縄の王族に遣えた役職のある過去世を持つ能力者です。動物と話せますし、今色々な能力が開花してらっしゃいます。

このサロンの壁にもハモリングと繋がるような琉球の絵を、とご希望でした。

描き始めた日に大きな虹が出たのを覚えています。

店内と外壁に「犬たちと精霊が遊ぶがじゅまるの森」を描きました。

外壁には首里城を守る琉球の龍をイメージしました。壁を拭いて、首里城と繋げて、そこからこっちに遊びに来てくれるようなイメージです。

「これ、結構大きい龍だなー。でもスペースの問題もあるし、からだの一部を描こう。」とギリギリ脚立で登れるところまで描きました。そして、サロンを好きに使っていいよと、言われていたので一息ついてうたた寝をしていると・・・。

バタンバタンッ！絵を描いている建物内に龍のからだが入っていて窮屈そうに暴れている。「俺のからだはこんなに小さくないぞ！もっと、大きく描いてくれ！」と言っているようでした。

ハッと起きて、みのりさんに伝えると「ざわってきた！そうだねー、龍が訴えてるねー笑」とのこと。でもスペース的に描けないし・・・。

なので、店内に尻尾を描くことにしました。

するとなんとか店内に大きなからだか存在している感じになりました。それから夢には出てきていません（笑）

拾参、　浮き出てきた龍の湖、東北の（龍）宮城と浅草のつながり

これも不思議な体験でした。「描かされた」としか言いようがありません。

浅草のお湯にこだわっている銭湯・富久の湯さんのオーナーさんに、近くにあるサロンに絵を描くことを任せていただいて、泊まり込みで描いていました。なんとなくその日は、寝る前に小さめのキャンバスに青いインクを走らせて思うままに描いて、明日また続きを描こうと思い眠りにつきました。

そして朝起きてみますと・・・「ええ?」

なんと、湖の絵になっていたのです。「まさか?」と思い地図を調べてみると・・・先週参加したご神事の場所、宮城県の鳴子温泉・潟沼（美しい湖）の形をしていました。龍の祠のくぼみまではっきりと。オーナーさんに伝えると、「あれ?鳴子温泉て浅草（江東区）と姉妹都市だよ?」私は一体、何に描かされたのでしょう?

拾肆、天籟を聞く

「天籟を聞く」わたしの好きな言の葉の一つです。

無になって、自然の奏でる音、万物の奏でる音を魂で聞くこと。感じること。人間の法より地球や宇宙の理（ことわり）を感じること。

私の絵は聖なるものが入ったり通過したるする媒体になりやすいのかなと思っています。京都のサロンのお姉さんには「過去世で式神を使っていたからね。もう自然にやっちゃうんじゃない?」と言われたこともあります。

櫻井先生が「麻耶ちゃんの絵は生きている。絵が祝詞になっているから神様も喜んでいる。」と言ってくださいました。より一層精度をあげていきたいと思っております。わたしにとってキャンバスはどんな世界とも繋がり、どんな存在とも繋がる、無限の可能性がある神秘的な存在です。

これからも人と人でないもの、人と場所を繋ぎ、繋がっている世界をみなさんに思い出してもらえるように描いていきます。

しかしながら、聖なる存在は皆さんのすぐ近くにいます。龍も沢山います。空に、地に氣の良い神社仏閣に、自然の中に、土地に、国にも。また人についたり離れたり。産土神のようにずっと守護してくれている龍もいます。私が神獣を描き始めたきっかけは「麒麟」でした。皆さんが氣づこうとするかどうかだけです。

雅楽の巨匠高谷氏が教えてくださいました。

「いただきます。」とは「天地の恵、すべてあますことなくいただきます。」の意で「いただくとは、頂（天）にあげる、ということ。」

古来の人は自分を通してすべてが繋がり、循環していたことをわかっていたのですね。まだまだ不思議な話は尽きませんが、少しでも何かを感じて頂けたら幸いです。

また、わたしの絵から神様のメッセージを聴いてくれる、能力者で巫女・ツキを読む月よみ師・いきさん。魔法使いのしおりさん。

一緒に神話の紐解きや神様の繋がりを探求してくれる浅草の銭湯のオーナーさん。

わたしが初めて描いた大きな鳳凰の絵を飾ってくださっている美味しい薬膳カレーの「銀座しんのう」さん。

私の描いた鳳凰と全国を飛び回ってくださっている和紙漉き師の田村さん。

三峯神社の前にある「三峯ちどりや」さんに置いていただいている神獣ポストカードは千枚近く飛び立ってくれています。

からだのヒプノセラピーのような素晴らしい調律整体をしてくれるハモリングの服部先生。

絵を描く機会をいつもくれる、出逢った翌日に畑にストーンサークルが現れたピザ回しの嵐ちゃん。一緒に新たな境地へ行くべく、いつも新しい考えに気づかせてくれる真弥さん。

本当にありがとうございます。

そして、今まで関わってくださったすべての方に多大なる感謝を込めて。

注釈について

※イザイホー

今は十二年に一度行われる30から41歳までの島の女性がこの通過儀礼を受けて村の祭祀・神女資格を得ると御神事のこと。女性達が祭祀権の入信を担う。現在は後継　者不足で祭祀は行われていないようです。

※斎場御嶽（せーふぁうたき）

御嶽（うたき）とは、南西諸島に広く分布している「聖地」の総称で、斎場御嶽（せーふぁうたき）は琉球開闢（りゅうきゅうかいびゃく）

伝説にもあらわれる、琉球王国最高の聖地です。また、琉球国王や聞得大君（きこえおおきみ）の聖地巡拝の行事を今に伝える「東御廻り（あがりうまーい）」の参拝地として、現在も多くの人々から崇拝されています。

※天日鷲神（あめのひわしのかみ）

日本神話に登場する神。『日本書紀』や『古語拾遺』に登場する。阿波国を開拓し、穀麻を植えて紡績の業を創始した阿波（あわ）の忌部氏（いんべし）の祖神。宇宙における転生の順番があり、鳥之石楠船神　↓　天鳥船命　↓　天日鷲命　↓　ホルス

【著者紹介】緒形 麻耶（おがた・まや）

天地と聖なるものと繋がり祝詞のように描き、世界を繋げる画家

８月13日生まれ。

ウォールアーティストであり、水彩画・日本画・アクリル画・手描友禅など様々な表現方法を持つ。


絵は幼少期から好きで描いて来ました。

幼少期から自然と人類との共生について考え、人類の存在意義に疑問を持ち、日本人のルーツの認識や誇りがどこにあるのかを考え始めました。主に日本の古史古伝、神道の奥深さが好きになり、歴史研究家や神話研究家、考古学者、建築風水師の方々と神社仏閣巡りをするようになりました。そこで感じた記憶の欠片やその感情をどう表現したら良いか日々表現の追求しています。

東京都練馬区出身。明治学院大学社会学部を卒業
大学卒業後、グラフィックデザインの会社に勤務するかたわら、画家として多数個展
やグループ展に作品を出展。
また、漫画家としても作品を雑誌、単行本に掲載。他、テレビのイラスト、店舗の絵
画やウォールアートを制作。
好きなこと、趣味は古史古伝や古代文明を調べること。カタカムナや神代文字を調べ
ること。エヴァンゲリオン、ジブリ映画。漫画を読むこと。女性の曲線美。

Hp
https://mayaogata.com

インスタグラム
https://www.instagram.com/ogatamaya_artist?igsh=MTZ0MDI1Y2FtcmI2MA==
問い合わせやご依頼はインスタグラムからお願い致します。

ＹｏｕＴｕｂｅ「女神と龍の解放展」
一部動画
https://m.youtube.com/watch?si=n7HXEiwxJRVV0dvF&v=1PBTTRw8ITg&feature=youtu.
be

コンビニエンスストア・プリンターにて神獣ポストカード販売中
eプリント(ogata maya)
https://www.e-printservice.net/content_detail/mayaogat

動けば開運！　動きが幸運を招く6つの方法

2024年10月6日　第１刷発行

著 者　スピ活研究会

発 行　マーキュリー出版
名古屋市中村区竹橋町28-5　シーズンコート名駅西603
TEL　052-715-8520　FAX　052-308-3250
https://mercurybooks.jp/

印 刷　モリモト印刷

落丁・乱丁本はお取り替えいたします

ISBN 978-4-9913254-5-8